我的姑姑三毛

陳天慈 著

參 跟著小姑去流浪

肆 她不在的日子

推薦序一。

她和她

陳聖／三毛大弟

我的姊姊，陳平，你們叫她三毛。我的二女兒陳天慈，是這本書的作者。三毛給我寫了一篇《他》，把我寫得鐵漢柔情，如今看來更是老淚縱橫。現在天慈也寫了一篇《又見胖胖的他》，讓我想起那個和我從小吵到大的姊姊，我們倆都是讓父母頭疼的孩子，她活出了精彩的人生，我也有我平凡的滿足。

從沒想過有一天我們陳家會有人繼承三毛的衣帛走上寫作的路，尤其身為她爸爸的我也不是個愛看書的人。我也不知道這本會不會是天慈唯一的一本書，但是她對姑姑的用心，卻是我們有目共睹的。

女兒，老父親一定會努力把你的書一字一句看完，細品，也謝謝你的付出。願你在寫作的路上暢遊盡興，享受其中。

推薦序二。

她的筆下重建了一個真實的三毛

焦雄屏／電影人

數十年前三毛打開了一代人的視野。一篇篇海外飛鴻，讓大家掙脫了熟悉的英美和日本，去到陌生的地方（西班牙、撒哈拉），見到陌生的人群（西班牙人、沙哈拉威人），她鋪好一條路徑，讓讀者大開眼界，想像力飛馳。

在那個禁錮的年代，為什麼有人不照大夥默認的人生劇本行走？為什麼有人可以活出那麼多傳奇來？三毛一連串的著作早已超越了遊記、回憶錄，更多是一個充滿好奇的冒險心靈，一個不循常規奇女子的叛逆和獨立，剩下就是老父爺眷顧的天賦，敏銳的觀察力、寬大的胸懷和令人羨慕的文字駕馭能力。

傳奇高高在上，她的侄女天慈有幸在她身邊成長，目睹親炙傳奇的另一面，家常、平實、點點滴滴。

天慈的文筆與姑姑一般行雲流水，她的觀察力和記憶力也十分驚人。看得出來，她很愛這個姑姑，從童真眼裡記下片段，長大後回溯整理，最後又主動追索姑姑行走的足跡，她的筆下重建了一個真實的三毛，從傳奇走出的三毛。其中也有掛念不下的父母親人，也有理想的追求和挫折，更有她那著名的童心和倔強的脾性。

天慈處理她宛如小說，有布局有情節，沒有一般回憶錄的乾澀自我，一口氣讀完，嘴角總帶著微笑，一些文字，一些畫面，讓人忍不住地回味再三。

好看！

推薦序三。

三毛家族唯一認可的三毛傳

蔡志忠／漫畫家

之前我兩次到過三毛的家，見過三毛的爸爸媽媽，雖然年紀大了，但像似五四時代文人——瘦峻優雅。我沒見過陳天慈本人，倒是聽三毛說過她有一位也很愛寫作、文筆很好的小姪女陳天慈。

天慈文筆果然很好，看了她寫的《我的姑姑三毛》簡練、精確，沒有多餘的情緒語言，這本書也是

三毛家族唯一認可的三毛傳，書裡的內容情節是受三毛家族肯定的。

三毛的一生華麗多彩，是很多身不由己年輕人的夢想。三毛多才多藝，寫作、寫劇本、流行歌曲創作、演講、畫畫、翻譯阿根廷漫畫瑪法達，幾乎涵蓋所有文化領域。三毛一生的故事非常勵志，值得一看再看。希望天慈的這本《我的姑姑三毛》能啟迪還找不到人生目標的年輕人！

每個人應該及早找到自己的人生之路。
不要想，而是立刻做，人生是走出來的。

蔡志忠與三毛

自序。

我們懷念的您

三毛一直是個幽默的人，她的荷西也有著西班牙人的熱情和風趣。他曾聽三毛說：「雨是天上下來的粉絲條。」聽到這，我小時候就常在想下大雨時張嘴就能吃飽吧！我倒覺得雨是情人發來的信息，總在你沒防備時發來，常常一發就好多條，也不管你是不是在線準備好，他想發就發，有點任性和小調皮。敏感的人聽出其中的急切和渴望，熱戀的人聽出愛意和想念，三心二意的人聽出試探和懷疑。

三毛是重感情的人，在雨季裡寫出了年少的暗戀——《雨季不再來》，那種單純的喜歡和遠遠的欣賞，確實是現在來匆匆去匆匆的行程裡很奢侈的花費。今天的我在新年剛過的日常中，靜下來，聽到惆悵和懷念，這是每年都逃不過來自心底的情人信息。這就是我的小姑，你們認識的三毛，那個傳奇女作家，旅居他鄉的獨立女性。我從小認識的親人、玩伴，用獨特的方式帶領我成長的人。小姑如果在世，也有七十七歲了，雖然我們都很難想像那個留著兩個小辮子，說話輕聲輕語，勇敢追愛，充滿好奇心和童心的三毛有一天也會變老。她用她的方式在我們心裡凍齡，今天我們用我們的方式讓她重生。

十三歲小姑因為不適應當時範本式的教育體系，選擇休學。十四歲她開始寫作，當時的作品多半是少女對初戀的期待和懵懂人生的觀察，有著超出同齡孩子的成熟與敏感細緻。童年的拔俗，讓小姑對我和雙胞胎姐姐的教育產生了很多啟發。

我們常常一起去東方出版社書店，在那兒一待就是一個下午，直到抱著一箱箱的書籍往車上搬才願意離開。閱讀是受小姑影響的好習慣，寫作卻是小姑和我都沒

三毛在西班牙塞戈維亞

想到的一條路，早在那些我和姐姐陪小姑在房間深夜筆耕的夜晚，悄悄種下了因子。

小姑二十四歲去西班牙留學，認識了一生摯愛荷西，也開始了對異國生活的紀錄。《撒哈拉的故事》至今以各種語言在國際上流傳，除了中文版，還有英語、西班牙語、日語、荷蘭語、挪威語、越南語等版本。二十四歲的我來到加拿大溫哥華，踏上異國的土地，沒有小姑當年環境上的艱苦，卻深知小姑當年文化差異上的難處。也許這是命運的安排，又或者是小姑不想離開我們吧！

一九七九年，小姑短暫回臺北時，我已上小學。初見時覺得很陌生，害羞的我不敢直視她，敏感的孩子偷偷看著這位和其他家人完全不同的小姑。漸漸地小姑成了會開車帶我們到處走的玩伴。常常會遇到很多讀者看到小姑興奮地尖叫，或者叫出我和姐姐的名字呵呵地笑。看到學校裡的老師對小姑的崇拜，我和姐姐才對這位平常很隨和的玩伴刮目相看——原來她在外人面前是個大人物，原來很多人搶著買她演講會的票，很多人以她為人生標杆學習仿效。那位每天接近中午要我們兩個小孩叫起床的大孩子，走入我們的童年、青少年，直到如今還是我們身上的標籤和心裡的印記。

我雖然沒有親身參與小姑和荷西姑丈在西班牙的相遇，雪地上的六年之約，結婚後在撒哈拉沙漠的生活，卻在她書裡不忍心地讀到她的辛苦和堅強。在一九七〇—

一九八〇年代的華人世界裡，小姑是讀者的眼，帶讀者看世界。她開了扇窗，無意間做了先鋒，在遠方留下足跡。作為把中西文化交流滲在生活裡的平凡人，她只是實實在在地過日子，卻活出當時千萬讀者想要的樣子。

前陣子聖誕期間我看了一部激動人心的動畫片《尋夢環遊記》，這部動畫片擺脫那種一切都很完美、甜蜜的大主流，拍出了大膽的體裁，著實引起我的注意。電影源自墨西哥的亡靈節故事。講述了一個熱愛音樂的十二歲男孩米格不放棄夢想和親情，幫助逝去的親人找回尚在人世的親人的諒解故事。電影中提到當人世間最後一人都忘記逝世的家人，不再看他的照片，不再談論他，不再想起他，靈魂就會被關在「遺忘區」，再也無法被人記起，也永遠無法投胎。電影有著

三毛與荷西在撒哈拉沙漠的家中

豐富的文化色彩，滿滿的拉丁風情和神祕感，還帶點小詭異。相信每個人在看這部電影時，都會想起自己逝去的親人，擔心他的現況。我雖然沒有來世今生的概念，卻在電影中看到生與死的樂觀面和現實面。

死亡是一個很多人不敢、不願意觸碰的話題，其實是源於未知和害怕。逝去，是一種突如其來的無奈，沒得選擇只能接受，任你再不願意，也得向上天的決定投降。活著的人不捨，逝去的人又何嘗不是？雙方怎麼放下，也許永遠不會有人知道答案，只有用時間慢慢埋葬，眼不見心不想的逃避是大多數人的自救機制。事過境遷，再想起時不會再有當時的熱淚，取而代之的是沉沉地壓在胸口的悶，不用多說，也不想多說。

小姑走的時候是在我高三那年，心情被模擬考試燒壞，那是其他什麼事都不敢想，天真地以為上了大學就一切都會好起來，所以努力忍耐的年紀。一月四日那一天，回到家時家中空無一人，這很不尋常。被課業壓夠了的我和姐姐雖然感到奇怪，也為突如其來的寧靜感到放鬆，誰也不想理誰，各自待在客廳的一角。那是沒有手機的年代，等待是唯一的選擇。我們無意識地開著電視當作背景音樂。正值傍晚的新聞時段，此時電視裡放出小姑的照片，很大一張，她笑得很燦爛，雙手合十，微捲的頭髮自在地垂下，肩上還披著她喜歡的藍綠色絲巾。我忙著背文言文課文應付明天的考試，並沒有放下語文課本，以為又是一次演講或其他活動的報導，小姑常常出現在新聞主播的口中，我們已經習以為常。此時，黏在牆上的橘色直立型電話卻驚人地大響，「叮⋯⋯叮⋯⋯」我懶懶地起身，慢慢走到牆邊，就在這一秒，新聞主播李四端先生從他口中宣布了小姑的噩耗，一時間我沒有回過神來，愣住了。

「你們知道小姑的事了吧？」媽媽強忍難過，故作鎮定地說，說到「小姑」兩個字時還是忍不住透露出哭聲。

小時候的我很內斂也比較呆，聽到李主播和媽媽同時宣布這突如其來的消息，一個第一次經歷死別的高三學生真不知道應該冒出什麼話。

「嗯，是真的嗎？」我停了一下，抱著一絲希望怯怯地問。

「嗯，是的，我們都在榮總。你們自己在家，冰箱有吃的，自己熱一下。」媽媽交代完就掛了電話，好像生怕再多說幾句就忍不住眼淚，在孩子面前掉眼淚是母親最不想做的事。

一九九一年的這一天，大人們在醫院忙著一直沒空，或者也是不知道怎麼開口，所以拖到傍晚才告訴從學校回到家的我和姐姐。當天在學校的我和姐姐渾然不知，還在為了搞不懂的數學和永遠睡不夠的黑眼圈悶悶不樂，後來想想那些都是生死面前的小事。一個最親愛的家人選擇離開，大人們除了鎮定地處理後事，也只能暫時冷藏心裡的悲傷，為了爺爺奶奶，也為了先一步走的小姑，回到家靜下來時才能釋放，才敢釋放，隔天早上起來又得武裝得成熟淡定，好長的一天。想想做大人真不容易，總在生活一次次毫無預警的波折中逼自己成長，誰說碰到這種失去時，大人不會軟弱和無助？忍耐是成長的標配，挫折是人生的顏料，當人離開時，這些都只是傳記裡的劇情，不為人知的內心世界已經一起埋在親人的心裡。

接下來那幾天，我和姐姐常常處於失去親人和玩伴的空蕩中，在學校時也感到同學和老師的關心。那天導師王姓歷史老師找了班長通知我到辦公室聊聊，我心裡想：不會在這種日子還要訓我那無可救藥的數學成績吧？意外的是善良的老師只是要安慰一個聯考生，並建議如何面對大考在即和人生中第一次失去的課題，還有媒體上的報導和家門口日夜守候的記者。我無法記起她跟我說了什麼，只記得她自己也很難過，數度哽咽，因為小姑來學校演講過幾次，全校師生早已把她當自己人。我只是直挺挺地站著、聽著，不想回話，心裡還是感激的。

上課鈴響時我才跑回教室，感到許多目光投在我身上。回到座位，桌上放了一堆小紙條，白色的、黃色的、粉紅色的，折成小紙鶴或簡單的對折，那個年紀的女校同學特別溫暖。那堂英文課我什麼也沒聽進去，下課鈴聲一響，立刻打開紙條，同學、老師們背著我偷偷寫好一字一句安慰和關心的話，再偷偷給我，事後也沒有人再用言語多說什麼。小姑替我選的學校，六年了，今天這個學校的師生們替你安慰了你的兩個侄女，他們也想念著你。

放學回家時，總是膽怯不敢去本該每天報到的爺爺奶奶家。一直堅強保護小姑的爺爺奶奶，此時此刻該如何堅強面對這一切，想到這些，我不知所措。最後還是擠出勇氣跟著爸媽去了爺爺奶奶家，只能盡盡陪伴的孝道，除此之外慚愧地幫不上其他的忙。我從小不是個甜言蜜語、會討喜的孩子，默默在旁花時間陪伴也是當時的我唯一能做的。奶奶拿著手絹，眼淚沒停過，嘴裡說著：「妹妹，你怎麼先走了。」我們不知道怎麼安慰，只知道安慰也是多餘，只能在旁邊杵著。在旁歎氣的爺爺是很瞭解小姑的人，他忍著悲傷和大姑、爸爸、叔叔們商量後事，讓心疼的小女兒走完最後的一程，希望合她的心意，這是這對很不容易的父母能給女兒最後的愛和寬容。

喪禮上一堆的記者，哭聲混著嘈雜聲。我在心裡問小姑，會不會太吵？她一向不喜歡人多的場合，但也矛盾地希望見到愛她的人記得她。這是一場沒有劇本的戲，出

三毛和父母

乎意料卻只能接受永遠沒有續集的結局。

這幾年每到一月四日，我常常在三毛讀者的微信群、微博、朋友圈等處看到大家對小姑的懷念。小姑走了快三十年了，還是有很多人沒有忘記她，甚至很多年輕朋友也在時時刻刻說著她的故事，念著她的好，傳揚著她的善。三毛的作品——書、電影、音樂劇、歌曲、演講錄音和訪問，都是她的人生，她的信念。她和荷西姑丈柴米油鹽中的愛，她走過的路，她對親情和家鄉的思念，都是她留給我們的足跡，是她貼心為我們留下的想念她時的憑藉。

在這裡，我的文字也許會讓你再次

陷入想念，而我更想轉述的是或許小姑想說而沒機會說的話：「謝謝你們的想念，我去找荷西了。你們要好好生活，偶爾想起我時，請記得微笑和保持自由的靈魂。我的形體已離開，你們的人生要好好繼續。」

爺爺曾在一次訪問中說，小姑只是從人生的火車上提早下車，每個人有每個人的終點站。旅途中相伴一場是緣分，是遇見，是給彼此交集的機會，分開後想起的悸動，是只有你和她才懂的心裡交流。前幾天，西班牙的荷西姑丈的六姐卡門和友人捎來聖誕的祝福，通過網路用中文和西班牙語串聯起對三毛的各種懷念和喜愛。我終於安心了，小姑不會被遺忘。三毛在用她一貫充滿幽默和創意的方式帶領大家，體會人生的美好與遺憾。故事未完，她的足跡永不消失。

當這本書出版時，我也到了當年小姑離開我們的年紀。是巧合，還是註定？怎麼都好，能夠把這緣分傳承繼續下去，都是欣慰的。

如果你也和我一樣想念她，偶爾在忙碌的夜晚不小心抬頭看到星星也會想起她的名字，她就一直都在，就在那塊我們默默為她耕耘的夢田裡，就在那棵經年累月開枝散葉的橄欖樹下。

壹

我們的家

白手成家前傳

洋小姑

又見胖胖的他

其實，當初堅持要去撒哈拉沙漠的人是我，而不是荷西。後來長期留了下來，又是爲了荷西，不是爲了我。

我的半生，飄流過很多國家。高度文明的社會，我住過，看透，也嘗夠了，我的感動不是沒有，我的生活方式，多多少少也受到它們的影響。但是我始終沒有在一個固定的地方，將我的心也留下來給我居住的城市。

——《撒哈拉的故事．白手成家》節選

白手成家前傳

前陣子在溫哥華聽了一場李健的演唱會，很少坐滿的體育場來了五千多人，從年長到年輕，男男女女，堪稱華人盛事。演唱會的前半段，有首歌緩緩入耳，卻意外地在我心裡造成不少震撼。

「多少人曾愛你青春歡暢的時辰，愛慕你的美麗，假意或眞心，只有一個人還愛你虔誠的靈魂，愛你蒼老的臉上的皺紋。」

曾經好傻好天真的我，一直不太敢想我老了的樣子，這是一個自我遮罩的話題，好騙自己還像心裡那個小孩一樣的呆萌。身邊的中年女粉絲如癡如醉大聲地合唱，眼裡泛著淚光，是為歌聲感動，還是和我一樣在音樂聲中鼓起勇氣面對「老」這個非自願現象？終於有人替我們傾吐出心裡的彷徨和害怕，一群人在黑暗中抱團取暖。那些好不容易才放下的成熟矜持，化成釋放出的熱情，但願一字一句能唱回那些握不住的歲月流沙。

曾經以為永遠用不完的青春，一點點偷偷地被拿走，不小心在黑髮上留下白色的痕跡，在臉上滑過一道道皺紋，不管你是一代巨星還是平凡如我，都只能乖乖就範。身邊的追求者漸漸向九零後靠攏，美顏相機亮度拼了命往右拉，卻再也起不了多大作用，只剩下準時醒來的淩晨和放不下的枸杞茶保溫杯。散場後回到家，打開電腦翻出幾張爺爺奶奶的舊照片，想起至今仍烙印在我腦海裡的那些零碎記憶。

「小妹，快點，阿娘進了榮總，我們現在要過去，這時間很會塞車。」

媽媽剛剛從公司趕回來，匆忙做了晚飯，收拾過後就催著我和姐姐往公寓樓下走，手上拿著大包小包，愛美的她還執意穿上高跟鞋，又是一個下了班還要在家上班的職業婦女，稱職的母親和好媳婦。我們飛快上了爸爸早就開過來停在樓下的車，後面開來的車閃了大燈，爸爸不等我把車門關上，心急地就踩下油門往前衝，坐在後座的我從大人的心急感覺到奶奶病情的嚴重。奶奶在小姑走後的幾年，雖然表面上恢復了正常生活，但沒多久就病了，癌症，還不只一處。我們先從南京東路開到健康路去接爺爺。爸爸把車停在樓下，我和姐姐跑進去示意管理員開門，衝進大廳，按了電梯往十四樓上去。電梯門一打開，驚見爺爺已經西褲加白襯衫，穿戴整齊在門口等了，顯然也是擔心奶奶吧。他不知道在電梯門口等了多久，卻沒有半句埋怨。我剛剛出門前真不該挑了一雙要花兩分鐘繫上鞋帶的球鞋，讓爺爺多等了兩分鐘。

「阿爺，門鎖了嗎？」

「你去看看。」

比我大個七分鐘的姐姐總愛指揮我，而我總是傻傻地聽她的話。確認門已鎖好，我再衝回電梯裡按下往下的按鍵。一路上三代人沒人開口

左起依次為三毛、三毛父母、作者姐姐陳天恩、作者及作者的母親魏春霞女士

三毛父母

多說什麼，這條路我們五人已經不是第一次一起走。言語已是多餘，安慰也只是浪費，只剩下爸爸偶爾打的方向燈「噠噠」作響，提醒我們生活就在夜晚的趕路中輕輕刻下一絲痕跡，並留下一家人在一起好的、不好的記憶，像電影中空白的情節，缺了劇本，演員隨心所欲地真情發揮，然後意外地成就印象深刻的一幕，至今難忘。

奶奶是個出了名的大好人，總是帶著笑容，從不大聲對任何人說話，身邊的人很喜歡這位總是穿著合宜的陳媽媽。

小姑曾說：「母親的腿上，好似綁著一條無形的帶子，那一條帶子的長度，只夠她在廚房和家中走來走去。大門雖沒有上鎖，她心裡的愛，卻使她心甘情願把自己鎖了一輩子。」

典型的中國傳統婦女，家庭就是她的天，丈夫和孩子就是她最大的成就，她忘了還有自己，忘了自己也曾經是父母的掌上明珠，是很多人追求的美女。簽了一紙婚約後，為了愛放下一切，再也不覺得自己有多重要，永遠甘心做家裡的配角，在家人心中也永遠享有最重要的位置。

常常有人問我，你爺爺奶奶是怎樣的父母，能夠培養出三毛這麼獨特的孩子？我從爺爺奶奶對我從小的隔代養育當中，體會出爺爺奶奶的「養」孩子除了照顧好吃穿之餘，身教大於言教，卻很少對孩子要求什麼。

一九八一年小姑回國，在年幼的我眼中這是一個洋氣的陌生小姑，渾身上下都和我們不同。有一次在奶奶家的一個炎熱午後，放暑假的我和姐姐在奶奶的懷裡肆意地撒野，享受滿滿的溺愛，彷彿有奶奶的天空就不會有憂傷和分離，只有無止境的歡樂和寵愛，做什麼都不會被阻止，生活如此美好。

此時，小姑突然推門進來。我們兩個孩子和這位剛回國的家人還不太熟悉，加上我從小個性格外害羞怕生，即使心裡對這位遙遠地方回來的親人有所好感，也只是遠遠遙望，暫時沒敢接近。小姑身上異國的香氣，滿是破洞的牛仔褲，五顏六色、披披掛掛的衣服，怎麼看都和走氣質路線的媽媽很不一樣。小小年紀的我算是開了眼界，在旁默默觀察。

「快叫小姑！」奶奶開口了。

我和姐姐躲到奶奶背後，極小聲地冒出了一句「小姑」。

「姐姐妹妹，小姑回來了。快過來給小姑抱抱。」小姑用她細細的聲音笑著對我們說。

奶奶移了下身體，好讓小姑看到我們兩個恨不得不被看見的孩子。我和姐姐怯生生地慢慢走向小姑，小姑左手天恩、右手天慈，一把把我們緊緊摟進懷裡，抱得好緊，緊到我們都能擠出水了。這是小姑在歷經人生變故時，回到家後的眼淚，我彷彿感到身後的奶奶也在擦拭欣慰的淚水。出走的女兒，害羞的孫女，勇敢的母親，寬容的祖母。

後來在小姑書中看到她描述這一次的相見，得知她因為我們兩個不會表達內心戲的小孩看似無情的迎接而受了點傷。文化差異加上個性使然，還有當天鬧哄哄的混亂場面，七歲的孩子一時間不懂如何處理內心的好奇，反倒化成了外表的木訥和呆滯。所幸孩子畢竟是天真、真誠的，在之後的相處中也慢慢打開心房，漸漸愛上了這位洋小姑。

奶奶也多了一位幫忙帶孩子的大孩子，小姑和我們兩姐妹，三個小孩彼此取暖，互相影響。誰說小孩不會影響大人，小孩只是用最直接的方式給了大人小小的溫暖。現實生活中的孤獨，失去伴侶的痛，都在每晚的一句「小姑，我們等你回來」中消散，漂泊的靈魂得到停留的理由，儘管傳統的奶奶和洋派的小姑常常有教養上的意見分歧。

一次晚飯後在客廳中閒聊，小姑跟我們說了爺爺奶奶從大陸到臺灣的故事，一個時

童年時期的作者姐妹倆

代變遷下小市民充滿無奈卻咬牙堅持的故事。

「你們知道爺爺的爺爺是做什麼工作的嗎？」

小姑問我們兩個舔著紅白百吉冰棒的小孩，努力用有趣的問題引起我們的注意和好奇心，再附上一個美麗的笑臉。

「不知道，是清朝人嗎？」我搶著說，一根冰棒也快吃完了。

姐姐說：「跟阿爺一樣是律師嗎？」

她手上的冰棒還沒吃完，我一直盯著它看。奶奶早看出我的小心思。

「不能再吃冰棒了，一根夠了，當心肚子痛。」

小姑一邊咬著生的紅蘿蔔，一邊拿過來，要給我也吃一口。經過的爸爸狠狠瞪了她一眼。

「不能給小孩吃生的東西，小心有細菌。」

小姑說：「不會的，在國外我吃了很多年。」

「你的胃和腦都跟一般人不一樣。天慈，別吃。」

我屈服在爸爸的威嚴下，不敢從小姑手中接過那半根紅蘿蔔。

「快點說呀！小姑。」

姐姐開始不耐煩了。我倒無所謂，反正我的冰棒已經吃完，可以專心聽故事。

小姑很愛講故事，如果她有空可以天天照三餐地跟我們講，我們也很喜歡她說的各式各樣的故事。

「爺爺的爺爺，也就是你們的曾爺爺，以前在上海可是很成功的商人，賺很多錢喔！」

聽到這個開場，我很有興趣，往小姑那邊移了一下身體。

小姑繼續說：「我們祖籍是浙江舟山定海，你們知道這地方吧？就是一個江南的省份，離臺灣不遠，很漂亮的地方，希望有機會能去看看。」小姑若有所思地想著故鄉，「那時候，也就是清朝末年，你們曾爺爺是個很努力的小孩。家裡讓他念書到十一歲，後來富有冒險精神的曾爺爺因為不想待在鄉村裡，就放棄學業跟著堂兄坐船到上海打工了。那麼小的孩子一個人在外面，很多人都不給他工作，說你這孩子能做什麼，還要吃我一口飯。他只能到人家家裡做些零活，有一頓沒一頓地生活，可是還是肯吃苦，認真努力。」

小姑話才開始，很快進入故事的節奏，講話速度越來越快，一口氣說了一大堆。我還在腦袋裡消化上海這個新名詞，她又拋了個浙江舟山定海給我。我一時間不太明白，只好選擇略過，就想趕快知道曾爺爺到底是做什麼的，至於這些地方可以長大後再去看看。

「你們曾爺爺叫陳宗緒，小名叫作小番薯。」

小姑知道我們愛吃番薯，刻意停下來。我和姐姐呵呵笑得互相推擠，說以後再也不吃番薯了。

「小番薯十七歲時，有一天在碼頭閒晃，遇到了一個英國人。英國你們知道在哪裡吧？很遠的地方，離小姑的家西班牙很近。」小姑不停說著。

奶奶打斷了她：「你的家在這裡。」奶奶的口氣中帶著提醒和不服。

「姆媽在哪兒，我的家就在哪兒。」小姑趕緊聰明地回了一句。

當時的我不懂這短短對話的含義，大人總在不經意時說出心裡最想說的話。對這個流浪在外很多年的女兒，奶奶必定是心疼的。母親總希望兒女一切安好健康，女兒一個人隻身前往遠方，這絕對不在一個母親能接受的規劃裡。然而，對女兒的無限支持卻讓一個甚少表達意見的母親力挺女兒的決定。

所有被人們傳頌的偉大傳奇背後，都有隱忍著思念和擔心的父母。所有義無反顧為愛走天涯的愛情裡，都有父母夜晚的無私體諒與包容。當三毛享受掌聲和歡呼時，家裡總有人為小姑付出的健康擔憂，因而熬上一碗養生的雞湯。爺爺奶奶也許不懂小姑的夢想，不懂她的追逐，卻懂她一步步走來的艱難與從脆弱到堅強的被迫成長。雖然心疼，但也只有支持。

我和姐姐倒是聊起天了。

「我長大要去英國，然後去小姑的西班牙。」

「我也要去。」

「你不要跟著我，不讓你跟，你每次都學我。」

小姑不管我兩姐妹在吵鬧，繼續說道：「曾爺爺在碼頭碰到的那個英國人看他身體不錯，就要帶他去跑船，跑船你們懂吧？就是在船上工作，船開到哪兒就去哪兒。不會說英文的曾爺爺就跟著這英國人去全世界跑船做生意去了。」

我問：「他去了什麼國家？」

小姑說：「很多國家，像是地中海、紅海、印度洋附近的國家都跑過，跟小姑一樣去了很多地方，只是小姑是坐飛機，曾爺爺坐船。」

「那我們爺爺是在中國出生嗎？」姐姐還是問了比較實際的問題。

「是呀！曾爺爺跟這位英國人學了很多經商技巧，回到陸地上後做起了生意，成為江南的水泥商人，白手成家。後來，生了大爺爺和你們的爺爺，再後來……」小姑回答。

爸爸從不聽小姑講故事，這次也沒聽，只是在九點鐘準時走過來催促我們快快睡覺。

小姑從來不理爸爸對小孩的管束，說了句：「到我房間繼續說，轉移陣地。」「哈哈，轉移啦！我們偷偷講。」我邊說著，邊跑到小姑房間。爸爸在後面大喊：「不要再說啦，早點睡覺，小孩子要早點睡。」

我們才不理他，各自在小姑臥室旁的小客廳裡，乖乖躺在媽媽在地上鋪好的床墊上，閉上眼靜靜等待小姑進來說故事的續篇，夢中等到的卻是小姑的歎息和稿紙翻來翻去的聲音。

夜貓子的小姑常常是挑燈夜戰寫稿到天明，也許是夜晚的寧靜能幫助她清除白天的雜念，也許是夜晚她才能允許情緒進入自己的內心。寫作是面對自己的過程，常常要一層層剖開，把真心給讀者，往往得先把自己扒幾層皮，所有的偽裝都得誠實地卸下。小姑當年就是因為常常熬夜，加上長期寫作造成了背和肩的老毛病，常常喊痛。奶奶總偷偷在門外張望關心，知道就算叮嚀了再多，沉迷於文字的小姑也聽不進去。

抑，是她的孝順，只要她快快樂樂地活著就心滿意足了。」爺爺說完把報紙整整齊齊地折好，放到旁邊的床頭櫃上，關上了檯燈，轉身躺下，像做完了一場結案陳詞，冷靜中帶著父親的驕傲和釋懷。

爺爺是個嚴謹卻又風趣的人，從他的字跡就可以看出，訴訟卷宗也總是整理得工工整整。每次我們小孩吃完飯要下桌時，總會禮貌地說一句「大家慢慢吃」，爺爺總愛回一句「已經吃很慢了，還要慢呀！」他的幽默全給了最親近的家人，換來一陣陣開心的笑。我想，小姑文章中的小趣味，應該也是遺傳了爺爺的大智慧吧！

聽了爺爺的話，奶奶翻了身，正臉朝向偷偷醒著的我，黑暗中我嗅到一絲淚光的味道。我不敢出聲，我太渺小，小到無法安慰奶奶，也不知道該如何安慰，因為堅強的他們並不希望讓子女看到自己在夜晚的脆弱，更不用說是年幼的孫女。每對父母和每個子女都不同，都需要學習相處，慢慢學會誰也不屬於誰，卻能彼此相愛與相容。

爺爺奶奶在我的成長過程中扮演了至關重要的角色，就像冬天的暖被子和軟軟的枕頭，躺在中間都是被愛的滿滿幸福。爺爺奶奶對小姑的愛都表現在平常的吃喝穿衣中，平淡無奇，卻在小小年紀的我的心裡留下深深的感動。有一天我們都會老，到那時候都會理解我們年老的父母、祖父母。小姑走時正值我現在這個年紀，也許到這年紀的她也會有同樣的體悟。

我們到了榮總已接近八點鐘。奶奶躺在床上被病痛折磨得很虛弱，骨瘦如柴的身體讓臉上的氧氣罩顯得很大。小姑在後來說的曾祖父白手成家的故事續集中提到，當年爺爺奶奶帶著三個孩子，從大陸坐船經過幾天幾夜來到臺灣。一路上奶奶暈船吐到臉色發白，還是抱著幾個孩子不肯放，一路到臺灣落地。這個坐船的情節，小姑後來寫進了《滾滾紅塵》的劇本裡，也算是另一種記錄了。

爺爺走近床邊，舉起顫抖的手輕輕撫摸奶奶的白髮，一句話也沒說。我們在旁邊看著，也不忍打破這沉默。爺爺扶著床沿，很辛苦地慢慢彎下腰，低下頭，在奶奶的額頭上留下一吻，定格了幾秒鐘的深情款款。昏迷的奶奶內心應該在流淚吧！一個中國傳統觀念下的大男人是放下了多少面子和自尊，才能在子孫面前對妻子如此直接大膽地表達愛意。也許，他明白這是最後一次的溫柔了。

當你老了，頭髮白了，最捨不得的還是她為這個家蒼老的面容，和再也還不了的那份恩情。

深夜的機場下著小雨，而你的笑聲那麼清脆，你將手掌圈成喇叭，在風裡喊著弟弟的小名，追著他的車子跑了幾步，自己一抬就抬起了大箱子，丟進行李箱。那個箱子裡啊，仍是帶來帶去的舊衣服，你卻說：「好多衣服呀！夠穿整整一年了！」

便是這句話吧，說起來都是滿滿的喜悅。好孩子，你變了。這份安穩明亮，叫人不能認識。

——《送你一匹馬．說給自己聽》節選

洋小姑

小姑在世的年代和現在截然不同，那是一個沒有互聯網的年代，沒有社交媒體，沒有及時的聯繫，沒有全球資訊的普及。與現在相比，那是一個很慢的年代，資訊不對等，有很多的等待和想念，對於我這急性子來說肯定會很折磨，還好當時年紀小。

現在這個吃頓飯都是一堆資料的年代，本來就不多的時間被切成碎片，然後有成堆的小道具幫助你打發它們。有一回我閒來無事，在看小視頻，在這裡奉勸各位，還真得小心這些看似不起眼的短短的小視頻。小則殺你一個晚上，大則殺了你一整個週末，後悔莫及卻又愛不釋手。

那天手機螢幕彈出的是天王周董，開了個地表最強演唱會，最後有個環節是和粉絲互動，讓粉絲也能參與合唱，很貼心的安排。其中很多粉絲興奮地一再強調的都是同一件事——周董對他們影響很大，是他們的青春。男同學每次成功與不成功的表白，都有他的歌作主打歌；每次被老師罰站，都想起他的音樂影片，悲壯又得意地以為自己是主角，可惜經過走道的女同學，一個也沒注意到耍帥的自己。一個人能影響那麼多陌生人，跨越年紀和地域，實屬不易，所以說小時候乖乖聽媽媽的話是有好處的。

三毛在世時，當時沒什麼地表最強演唱會，也沒能和粉絲一起合唱，卻是一代人的青春。小姑平常和家人一起時，也會隨口哼哼唱唱。有一回全家人去遊湖，涼爽的夏夜，一家人在船上，徐徐微風夾著少許濕氣，襯著水流的聲音，小姑輕輕哼起了一首我沒聽過的歌。

「每個人心裡一畝一畝田，每個人心裡一個一個夢，一顆啊一顆種子，是我心裡的一畝田……」

我想心裡有塊田！我要去你心裡耕田，施肥撒種，長出美麗的花，然後好好灌溉它，保護它，就像小王子細心呵護照顧他的玫瑰花。雖然當時沒有自媒體的快速傳播，很多回憶也沒能用影音紀錄，但三毛有的就是從書上一字一句細膩刻畫出的情感，加上讀者綜合自己的生活經驗，投射出對未來的期待，對愛情的渴望，對世界的好奇，本本創作都是三毛和讀者的集體創作。

一直有很多朋友跟我說，三毛更像是一個一起分享成長的小夥伴，一個閨蜜，一個在遠方的朋友，一個替你說出真心話的、在當時社會下勇敢做自己的女人，一個幫你實現夢想的人，一個替你先去國外探探路，體驗一下再回來手舞足蹈地跟你說故事的旅伴——三毛是真實又遙遠地存在著。

一九七九年，全家人一起去機場接從西班牙搬回臺灣的小姑，只記得那是我人生中第一次見到那麼擁擠鬧騰的場面。爸媽拉著剛上小學的我和姐姐，整個現場鬧哄哄的。我記得以我當時的身高，眼前高度就是那些機場裡用來分隔人群的紅色絨布線和可伸縮繩子的柵欄，而且其中很多都被推倒了。一堆男人穿著西裝褲的腳，還有女人為了工作在這種場合還要穿高跟鞋的腳，跑來跑去，匆忙而謹慎，雜亂又嚴陣以待。也不知道他們在嚷嚷著什麼，好多人拿著攝像機，當時沒有無線麥克風，都得拖著好長的電線。

當時還小的我生怕被電線纏住，緊緊抓著媽媽的手。雖然不確定是什麼事，但我直覺家裡出事了，遠方的那位小姑要回來了。這些人都是記者，個個神情緊張，好像等著獵物出洞，然後張牙舞爪地撲上去。我們家人也在等候，卻感覺到不同氛圍，更多的是懸在空中的擔心和準備好保護小姑順利出關的架勢，本來流動性很強的機場，此時這群人卻聚集著停滯不前。兩軍對壘，我軍明顯兵力不足。

「來了嗎？那個帶帽子的女人是三毛嗎？」

「不是，那是個老外，你昨天沒睡好嗎？」兩位男女記者就在旁邊說著。

爸爸自言自語地說：「這場面，我們都看不到人了，小姑下飛機一定累壞了。你們兩個小的抓緊呀，別跑丟了，人太多了。」

爸爸皺著眉頭，他總是容易緊張和不耐煩。我和姐姐如臨大敵，不敢出聲，緊緊跟著，小手緊緊被大人抓著。我看著眼前穿著黑色西褲和黑皮鞋，不停踱步的腳，他每踱一次，我就得順著他的節奏閃躲那跟著移動的電線，以免自己被纏繞進去。孩子的視角和記憶總停留在一些不相關的小事和小畫面上，卻記憶猶新。

不知道等了多久，小姑終於出來了。她拿著紙巾，掩著臉，不知道是在哭還是因為剛下飛機很累。所有人以最快的速度有計劃地將她層層包圍，密不透風，包括本來在我眼前的那雙腳，他的電線在混亂中居然也沒纏上任何人，專業素養也是了得。小姑憔悴的臉被無情地湊上來的一堆麥克風團團圍住，對肚子早就很餓的我來說，這看起來像很多層的冰棒，小姑卻顯然不太喜歡。

「三毛，三毛，能否聊聊你現在的心情？」

「能談談事情是怎麼發生的嗎？」

「你打算回來長住嗎？」

一堆聲音好像交響樂，分好多聲部，和諧又不衝突地此起彼落，旁邊一支支的麥克風以小姑為圓心，整齊劃一地用同一速度向同一個方向前進。荷西走後，小姑回臺，是如此獨自面對同胞的慰問。

小姑一句也沒回答，我那高大的老爸一手抱住小姑，一手還抓著快被懸空提起的我姐姐，快步朝機場入境大門走去。媽媽牽著我和其他家人在後面追著，我拼命跑著，也顧不得那雙小心翼翼保護很久的全新白色球鞋不知被誰狠狠踩了一大腳了，小心思在想早知道今天應該穿姐姐的鞋。

然而，這並不是最後一場和記者朋友的戰役，好多年後的一九九一年，小姑離世時的告別式上也有好多記者。比小時候長高了的我沒被電線絆倒，卻被攝影師扛在肩上的攝錄機撞個正著，當時現場太吵，沒人注意到，我也就默默地擠進人群。和小姑相關的大場面，家人總是鬧中帶著悲傷和無奈，只有孩子在旁邊看清了這一切。

小姑回來了，回到成長的地方，家人的身邊，帶著那顆突然被掏空的心。

回溯到一個多月前，臺北的家裡也跟著經歷了幾番風浪。大人們正在為爺爺奶奶的第一次遠行做準備。當時的年代，出境遊是一輩子的大事，我不確定那是不是爺爺奶奶第一次去歐洲，但我確定的是全家都很興奮，期待爺爺奶奶去見那位大鬍子女婿。

奶奶說：「荷西喜歡吃月餅嗎？吃的可以帶上飛機嗎？」「妹妹一定想念中菜，不知加那利群島有沒有中國菜市場，買不買得到材料做烤麩？」

爺爺沒回答，把老花眼鏡推上額頭，看著旅行社給的有三聯複印紙式的機票，仔細檢查日期時間和班機號碼。爺爺做事一向非常細心，那些英文地名都要仔細比對，模擬轉機程式，緊張又期待。現在想想當時兩位老人家真是身為父母則膽大無懼，這一路旅程不只是飛行的未知，還在無奈中發生了人生旅程的轉折，他們卻得堅強地面對，心疼女兒也憔悴了自己。那個物資缺乏，沒有高科技的年代，情感的維繫全靠默默思念，人心也是有著無比韌性，異常的強大，也或者是認命吧！

我和姐姐兩個孩子圍著行李箱跑著，偷偷翻翻爺爺的襯衫，把襪子塞到箱子裡的小口袋，感覺自己像大人一樣準備遠行，小小參與一下這全家的大事。

三毛、荷西和三毛的母親

「阿娘，小姑在哪兒呀？」我問道。

奶奶回答：「西班牙，是歐洲一個國家。」

剛上小學的我和姐姐在課本上看過西班牙，老實說在一陣走神和瞌睡蟲襲擊中並沒聽仔細老師講的那一段地理。當時單純地想那麼遠的地方，我是一輩子都到不了的，勉強隨便聽聽，算是給老師一點面子吧！東西不能亂吃，話也不能亂說，哪天你真的踏上那片遙遠的土地，遇到以為無緣的人，才知道凡學過必留下痕跡，腦中還會浮現你的小學老師一副早知道的表情。不知道三毛當年的地理和中文老師是不是早知道她會走遍萬水千山，然後創作出無數好作品？

「小姑是和大鬍子姑丈一起去的嗎？他們會不會回來我們家？」姐姐一邊和我搶著翻弄行李箱，一邊撥開我故意要捏她的手問著。

奶奶說：「荷西姑丈如果回來，你們會和他玩嗎？他不會說中文呀！」

「沒關係，小玉的媽媽會說外國話。」

我一邊裝大人般地說，一邊手還是試圖去挑釁姐姐，雖然很難突破她的防線，可還是不放棄地發動攻擊。

誰是小玉我到現在也沒有頭緒。有時候小孩會編造一些幻想的小夥伴，這是後來小姑回來後給我下的結論，也許是小姑的海外背景給我們造成的幻想。

「可不可以把我也帶去？或者把姐姐帶去，那就不用帶她回來了。」

聽說小姑住的地方有很多沙漠，那個只在電視上看過的會渴死人的地方，駱駝是不是背上都有兩座山？好想坐坐那只大鳥飛機，雖然我有點恐高。

在後來的變故中，爺爺奶奶到西班牙的旅程也少被提起，大人都忙著處理後事和擔心小姑的創傷。從機場回到奶奶家後，小姑被安置到安靜的房間。為了讓小姑好好休息，小孩們也被再三告知不要打擾，雖然過了幾天後，我們就已經完全把這叮嚀拋到腦後了。我們小孩對從那麼遠的地球另一頭回來的小姑可是非常好奇的。那個遙遠的地方住著什麼人，他們吃什麼，玩什麼，看什麼卡通，玩橡皮筋跳繩還是無敵鐵金剛？我們有好多問題想問小姑，索性每天去小姑房門外張望偷看，趴在門底的縫外偷聽。兩個小孩窸窸窣窣以為別人聽不到，這是一種孩子的天性，一種孩子獨特的解決問題的方法，知道看著看著門就會自動開了，等著等著裡面的人就會自己走出來。

「天恩天慈，你們在幹嗎？等小姑呀？」小姑還是出房門了，看起來很累。

「小姑，我們在看你。你會說外國話呀？」我怯生生地說道。剛剛回家的家人對小孩來說還有點陌生。

「你有沒有騎過駱駝？」姐姐也鼓起勇氣問道。

當時我們只知道這位洋小姑有很不開心的事，全家人雖然關心她，也不敢多問，給她太多壓力。但是這種氣氛，反而讓小孩都感受到說不出的不對勁兒。說完不等小姑回答，我們就衝進小姑房間。一個一直想進去卻不被允許的新天地，一位新夥伴，只是房間裡少了一顆放在撒哈拉沙漠忘了帶回來的心。

一進去是一個玄關，正面是洗手間，左邊是臥室，右邊是小客廳。左邊小姑的臥室擺設很簡約，長條形的空間，進門邊上放著面對牆的木頭書桌，桌上沒有太多東西，可能是因為剛回國的關係，地上還堆著還沒整理好的行李。把放在地上的床墊當床，是小姑一向喜歡的風格，靠牆那邊還有矮書架，上頭放滿的書倒不像是剛回國的人的書架。房裡的香味是我不曾聞過的異國情調，神祕而親切。床上還有很多流蘇的披風，這要怎麼穿，搞不懂的時尚！我一屁股往床上坐下，把玩著小姑的床單，好像這房間什麼都很新鮮。

「你們今天不上課呀？」小姑問起。

我們異口同聲說道：「放學了呀！」

姐姐說完就跑到對面的小客廳，「砰」一聲把門打開。又是極其簡樸的設計，木頭的茶几，民俗風的小沙發和坐墊，又有一排矮書櫃，上面堆滿了皇冠雜誌和一些洋文書。紙糊的燈籠從天花板吊下來，黃色的燈光很溫暖，也有點黯淡。

「小姑，小姑，我們可不可以睡在你這裡？」姐姐問起，跟著跑進來的我也一邊往地上坐，一邊附議。

「我們可以睡地上。小姑，你要不要也和我們睡一起？」我接著提出意見，自信地認為真是個美好夜晚的提議。

「好呀，今天晚上我們三個人睡一起。誰要睡中間？」小姑終於有了點笑容。

「我不要睡姐姐旁邊，她會踢我。」我趕快選好位置，也就是心想小姑能睡中間。

那晚，一塊地板，三個孩子，兩個睡得很香，一個睜眼到天亮，伴著雨聲和想見卻見不到的月亮。

之後的一個午後，我在奶奶房間裡的櫃子上爬上爬下，奶奶走進來，我下意識地以為要被罵了。奶奶穿著深藍色的小旗袍，一張白手絹插在胸前布料交叉的縫裡。

「怎麼會這樣？哎！還是不吃飯？」奶奶邊說著邊拿起手絹擦眼淚。

我正爬在櫃子頂，不知所措地不敢說話。家裡的氣氛小孩是知道的，雖然幫不上忙，貢獻一雙小耳朵和無辜的眼神也是一種安慰吧！奶奶走出房間後，我趕緊爬下來，輕手輕腳走到昨晚睡覺的小姑房門口。經過昨晚的敲門成功，這門終於是開著。我有點膽怯地叫了一聲「小姑！」還是害怕這天匍匐前進著偷看會不會被發現。

小姑回了一句：「天恩還是天慈？」

小姑雖然當時正處在人生低谷，在難過中療傷，看到小孩還是帶著微笑回答，或者是不想嚇壞兩個每天在門外等候許久的小人影吧！

「進來。」

我和姐姐像等到芝麻開門的指令，其實又有點害羞地跳著衝進這個新天地。書桌上檯燈還是像昨晚一樣亮著，小姑用的圓珠筆和爸媽買給我們的都不同，小姑的字好隨意、好率性，這樣斜斜的字體肯定會被學校老師要求罰寫的，而且我看不懂那語言。

「小姑，你怎麼沒有橡皮擦？」

一句冷不防無厘頭的問話讓小姑笑了。「沒有呀，你們給我一個好嗎？」

小孩的心靈療法在這一刻自然地展開，沒有特定章法，沒有固定脈絡，只有一堆童言童語做成的調養祕方。上帝的巧思，大人養小孩，小孩也用他們的方式撫慰大人的無奈和壓力。

我大聲地說：「那邊有個文具店有賣很多橡皮擦哦！」

橡皮擦，擦掉悲傷，擦掉奶奶和小姑的眼淚，然後再買幾支彩色鉛筆，畫上新的色彩和笑聲，創作出一幅新的畫。

「你一定是想讓小姑給你買那個爸爸不讓你買的自動鉛筆，我就知道。」

小心思一下就被我姐無情地拆穿，雙胞胎哪個心裡想什麼壞主意都逃不過另一個的法眼。管他用什麼方法，反正小姑願意走出來就好。很可惜，第二天小姑還是沒和我們一起出門，還是選擇和我們在小客廳裡玩。

我們三人約好下次要去那家文具店，到那一天是小姑願意踏出家門，踏出心房的一大步，也是我們兩個小孩給小姑心理治療成功的一小步。南京東路的小街道，從此多了三人手牽手齊步走的身影。

想你想成的撒哈拉留在了遠方，天下掉下的沙還是沒越過太平洋。不起眼的童言童語在每天的日常中慢慢加溫，橡皮擦雖然擦不乾淨那年中秋夜的心碎，卻慢慢稀釋了悲傷，填補了缺口，用最天真無邪的方式。

他當然是生命中很重要的一個人。

又是一年，我回國，父母一同回來的，下飛機，他不知道要跟我說什麼，那時候，我心情不好，一路上很沉默。他將我放在前座，開到家的巷子裡，他掏出來一把鑰匙來給我看，臉上是逼出來的笑，他跟我說：「來，來看你的汽車，買給你的，二手貨，可是裡面要什麼有什麼，不信你問我，音響、冷氣、香水瓶、錄音帶……你高不高興？你看，買給你的車，來看嘛！看一眼……」我快步跑上樓，沒有碰鑰匙，他跟上來，我說：「以後精神好了才去看——」那輛車，在巷子裡風吹雨打了三個月，我沒有看它一眼，後來，他沒有說什麼，賠了三萬塊，轉手賣掉了。

爸爸貼了他錢，他頭一低，接下了。那一霎，我眼眶有些濕，他根本沒有什麼錢，卻貼出了財產的大半，標會標來的，給了我。

——《送你一匹馬‧他》節選

又見胖胖的他

小姑在《送你一匹馬》這本書中有一篇文章《他》，對我來說意義非凡，寫的就是我的父親陳聖，陳家的長子，一個當年的胖子，現在的瘦子，雖然他總是說自己有個小肚腩。

小姑和我父親看似是兩個世界的人，一個清晨，一個黃昏，一個敏感而細膩，一個敏感而豪爽，一個是清高的文人，一個是市儈的商人。從小兩人就水火不容，吵架、打架天天發生，看似互不熟悉，內心卻彼此關心。姐弟間的情感，從不說出口，卻在生命的關口彼此幫助，影響深遠。

爺爺奶奶的四個孩子當中，三毛排行老二，上有個姐姐，我父親排行第三，下有一個弟弟。我父親和小姑各有各的叛逆，都沒讓爺爺奶奶少操心。小姑的叛逆是由內到外的，內在精神層面的超常發展，以致成長後的人生也不走尋常路。那個躲在閣樓中寫作讀書的女孩，心卻飛到遙遠的沙漠。十三歲休學，詩詞書畫，中外文學，樣樣喜愛，事事精通。她的內心世界就是她的一切，大過外在的冷暖陰晴，在外面的人很難推開這扇門進去，即使她對人總是維持友善的客氣。

我父親卻是個不重視精神層面的大俗人，喜愛美食、美女，年輕時最大的興趣就是多賺點錢，多買幾棟房子，年老時最希望家人平平安安，身體健康。他常常會在衝動時血壓飆高，也常常會放下身段哄老婆孩子。一位所謂的公司老闆，自己做的事卻總比員工還多，工作時間最長，只因為要讓員工能早些回家陪家人。到現在他還喜歡看美女，卻每天發一篇對老婆的感謝文，情話說得我母親都會

三毛的大弟弟、作者的父親陳聖

背上幾句。

就是這樣兩個極端的手足，激盪出的火花如此衝突而燦爛。這樣的兩個人都讓父母頭痛。一個不適應當時的教育體制，以致寬容開放的爺爺讓小姑在家自學，甚至當時其他兄弟姐妹們都不知道小姑休學沒去上課，以為只是短暫地在家養病。另一個雖然不愛念書，倒是有學上，常常翹課，跑去打撞球、看電影、泡妞，街邊擲骰子、抽香腸，每天都瀟灑快活。好一個翩翩公子哥，還搞不懂這位二姐為什麼總是悶悶不樂，有那麼多的不開心，在他心裡女同學的一個微笑都能讓他開心好幾天，大男孩的人生就是這麼簡單而美好。他和家裡的二姐也沒太多話說，卻總關心晚歸的她是否安全到家，口氣卻是不討人喜愛的。青蔥少年的姐弟，表面上互相不對盤，看不順眼，心裡卻希望對方過得好。

小姑回國定居後，已經步入社會的我父親給她買了一臺白色的小轎車，不懂表達感情的年輕男人，送份大禮已是最大的表白，初出社會手頭不寬裕的他，想必為了情傷的姐姐，也真是咬緊牙對自己狠下心了。這是他對家人的照顧，怕回國的姐姐沒車不方便，也希望姐姐早日熟悉臺灣的生活，忘記悲傷。傷心的小姑當時看了車一眼，並沒有接過車鑰匙，等著看姐姐欣喜表情的弟弟並沒有等到期待的感謝。她對物質一向看得很淡，尤其在失去丈夫之際。一對不同世界、不同追求的姐弟。物質雖補不上內心的痛，卻代表另一人的用心，做姐姐的何嘗不瞭解。兩人長大後，生活在一起也還是沒有太多言語的交流，車子也在半年後被賠錢賣掉了。白色本來是父親喜歡的車子顏色，以為姐姐也會喜歡，知道在沙漠開車的姐姐也有一部白色的車，又是剛回來，一定會不適應臺北市街道的狹窄，所以特地選了部小車，方便姐姐在小巷弄裡穿梭和停車。一年後，小姑自己買了車，也選了白色，也是一部小車，算是換種方式接受了當年弟弟的心意，後來我也坐著這部白色小車和小姑遊歷了大半個臺北市和陽明山，車中多少歡聲笑語，也是當時送車的父親沒想到的意外收穫。

小姑對我們兩姐妹卻是萬般寵愛。我們每次去奶奶家就期待著小姑起床，等這個玩伴起來跟我們講很多有趣故事。小姑她總在過了中午才起床，深夜寫作看書是她的習慣，夜晚的寧靜讓人心靜，才能退去不得已的客套與壓抑。

小時候不懂，常跟小姑說：「你是不是想在晚上偷偷把我們的事情寫在你書上？最好把爸爸小時候一次偷吃十個蘿蔔絲餅，吃到拉肚子的故事寫進你書裡，然後不要告訴他。呵呵呵！」

三毛和她的大弟弟、作者的父親陳聖

兩個小孩不怕爸爸，也愛小姑，這兩位大人在孩子心裡都是活寶，都有源源不斷的笑料，是我們童年的開心果。長大才明白，看似幽默的大人都曾經歷太多波折，一次次的妥協後化成幾句自嘲，讓別人開心，讓自己釋懷。誰又知道一個開心果當年努力從傷痛中走出，另一個也在創業的路上努力扛著說不出口的艱苦，兩人都不容易，在孩子面前也都只有微笑帶過。

我父親是一個在成長過程中變化很大的人，曾經也很自豪自己的文字功底，我一度以為是給他以前那些女朋友寫情書練出來的。

「你們爸爸以前總是在街上混，不愛念書，現在也不看我的書，只會拿去送給你們學校老師。以前自己不愛去學校，現在卻常常等你們下課。」小姑一邊翻著讀者文摘，一邊跟我和姐姐說，「那時你爸也是愛電影的，不只愛看，還愛說。」

「爸爸說他想當電影明星，像秦漢一樣。太噁心了。」姐姐大聲說，一副不怕爸爸生氣的樣子。我們三人說起父親的壞話，總是特別興奮。

「你們在說我什麼？我聽到嘍！」父親突然出現在小姑房間門口，抿著嘴假裝生氣。他高大的身軀有點疲累，想必是工作上有很大壓力吧！

三毛是幸福的，能做自己喜歡的事，寫作、閱讀、繪畫、演講、說故事，後來創作電影劇本、音樂歌詞、歌舞劇，甚至旅遊和收藏，都是在她的藝術天空中快樂自在地遊走，盡情揮灑天分而怡然自得。

小時候我的夢想是做個畫家，這個夢想停留在奶奶家那片被我塗鴉成五顏六色的白牆上，之後也只是打發時間的消遣，畫作也拿不出手。我和很多人一樣，小時候的夢想也只是作文課上交給老師的功課，從來沒能親手實現。父親的夢想是和電影有關的，也為此付出了努力。

「那時候你爸爸不上課，偷偷跑去電影院看電影，有時候還是偷溜進去的。他什麼電影都看，英文電影也看，說自己國中時英文有多好，我看他也就停留在國中階段的詞彙量，除了裝腔作勢在女孩子面前唱過幾首英文歌以外，也沒聽他說過一個英文詞。」小姑說著弟弟的糗事，口氣卻帶著驕傲，雖然我們小孩都聽不出這種壞學生有什麼好值得驕傲的。

趁著肚子餓的父親去廚房找奶奶，小姑接著說：「有一次學校老師跟爺爺說了你爸爸翹課的事，那天你爸爸可是嚇壞了，回到家不敢說話，躲進他房間。」說到這兒，小姑露出調皮的表情，像個看好戲的女孩，等著弟弟被罵。

「那天爺爺回到家，照常和我們吃晚飯，飯桌上一個字也沒有提。我瞥見你們爸爸緊張的樣子，本來很愛吹牛的他一句話也沒說，真好玩。我在心裡想你也有今天，等著看你們爺爺怎麼收拾他。」小姑很是得意，問我和姐姐，「你們爸爸是不是很愛吹牛？」

「是呀是呀，他上次吹牛說他認識很多餐廳老闆，可以不用等座位。然後爺爺說你是去花錢的，人家認識你也沒什麼好驕傲的，如果你是去賺錢的，人家認識你才稀奇。」

三毛和大弟弟夫婦

我好像也抓到爸爸的把柄，附和著小姑，有種同仇敵愾的快感。

奶奶來叫我們去吃飯，小姑還是不放過揭開父親兒時黑歷史的機會，到飯桌上當著父親的面也繼續說著。

「寶寶，我在跟你女兒說你小時候的電影夢呢！」小姑看一眼父親。

「電影我也就是看看而已，也不算什麼夢想，沒那麼偉大。快吃吧，吃完快回家，要下雨了。」

實際派的父親總在迴避內心深處的探索，用眼前的生活雜事巧妙地掩蓋曾經年少炙熱而從未開始的夢想。孩子在他二十五歲時措手不及地出生，還一下來兩個，從此他對電影夢絕口不提，取而代之的只有父親的責任，而這一切都靜靜地發生交替，沒有怨言，更沒有時間回頭再搞個明白。

「那爺爺有罵爸爸嗎？」姐姐忍不住問。

「後來爺爺把你爸叫到書房，拿了紙和筆，讓你爸在書桌前坐好。你爸爸以為要被罵了，垂頭喪氣的。」小姑吃完飯，坐在她最喜歡的單人軟沙發上說道，「結果奇怪的是爺爺不但沒罵他，還給他錢讓他再去看電影，但是有個條件，就是回來要寫電影心得報告，還有不能翹課。」

小姑望向待在書房看報紙的爺爺，只有暢銷作家的父親能想出這種鼓勵孩子負起責任，又不失學習機會的好辦法吧！

「所以我的文筆就是那時練出來的，英文電影還要用英文寫心得報告呢！」父親摸著吃撐的肚子緩緩地說，一臉得意。

雖然在我印象中從來沒有人說過他的文筆好，好像都是他自己的想像。

其實小姑也是有電影夢的，她常常提起當時臺灣新晉導演的作品《牯嶺街少年殺人事件》、《小畢的故事》等，這點兩姐弟罕見的一致。小姑編劇的《滾滾紅塵》上映時每天都有各種活動行程，非常忙碌。而我父親也一直還是保持愛看電影的習慣，一個人去看了《滾滾紅塵》。通常會選擇港產搞笑片的他大概從談戀愛追女孩子後再也沒有看過這種文藝片了。看完電影回來後他沒多說什麼，也沒跟他姐姐說什麼鼓勵的話，只是一直和朋友、鄰居、同事們推薦小姑的電影，巴不得開車帶每個人去戲院，管接管送。他嘴巴上說這電影很悲哀，不喜歡片中的戰爭場面，又說林青霞很美，總之說了一堆表面上不相關的話，就是嘴硬不肯說姐姐替他圓了這場年少時的電影夢。這也算是姐弟倆一起給這些年對電影的熱愛交了份最有意義的心得報告，爺爺當年的苦心也得到了回應。

三毛和父母、作者、作者的母親及老師在聖心女中

三毛和父母、姐姐（後排左一）、大弟弟夫婦、作者姐妹倆

我念的國中和高中都是小姑選的臺北市私立聖心女中，國中畢業典禮小姑和父親都是受邀嘉賓，上臺致辭。小姑每次演講臺下絕對都是爆滿，學校老師都搶著去，滿座的國父紀念館連混在人群中低調的爺爺都擠不進去。父親的演講我倒是第一次聽到。

「各位年輕貌美、青春洋溢的女同學們，大家好，我是三毛的弟弟，四毛。今天我這個中年帥大叔有幸能在各位的畢業典禮上給大家說幾句話。」父親一上臺，厚臉皮的幽默引爆了笑點，我和姐姐臉上卻有些尷尬。

「三毛說演講要像女孩子的裙子一樣，越短越好。今天我的演講就是迷你裙，一定是短而精緻，好看也好聽。」

我真心佩服這位畢業生家長的良苦用心，想給學生們一個愉快的道別，他一向不喜歡哭哭啼啼。四毛的演講意外地令人印象深刻，直到正牌三毛上臺。

「那個四毛從小就是愛搞笑，我從來沒說過演講像女孩子的迷你裙越短越好，太短也有礙觀瞻，不好看。演講重點不在長度，而在寬度。我今天就來說說各位以後要走的路，要走出寬度，而不是長度。」小姑一張嘴不只多了寬度，還多了深度。

就這樣，兩姐弟一個負責風趣，一個負責精彩，把一群十四五歲的女孩們逗得很開心，我和姐姐也引以為榮。

兩個曾經對生命充滿熱情和憧憬的人，在人生的高速公路上一個選擇隨心走走停停，享受路邊的風景，幾乎跑遍大半個地球，記錄下最美的過程，至於能到達多遠都不重要；另一個為了養家只能悶著頭往前衝，實際而明確，目的地在全家人幸福平安的遠方，下一代少點奮鬥是他努力的動力。文人與商人，本質上都是熱愛生命的，看似走著不同的路，卻用自己的方式豐富生命。

無論文人還是商人，活在世俗中都有委屈，都得妥協。小姑當年拖著疲累的身體到處演講，每封信件都親手回，只因為不想讓讀者失望，不想讓主辦方多花錢，其中都有文人對現實的寬容。父親當年一家家店推銷油墨，陪人抽的煙都多過簽的合約。從一個脾氣火爆的少年，成長為一個處世圓滑的中年大叔，再到現在淡定無爭的七十歲老人。歲月這把殺豬刀，人生這塊磨刀石，對文人和商人都一視同仁，而我們活著的俗世凡間，文人與商人也必須共存，帶著理解與欣賞妥協於現實中。

去年，父親從加拿大回臺灣過年。除夕夜晚，他招了一輛計程車趕去餐廳和家人吃年夜飯，下大雨的臺北，好不容易坐上車，很是狼狽。穿著白襯衫面帶笑容的司機是個年過五十的中年人。

「先生您好，去哪裡呀？座位旁邊有紙巾喔！」

兩人聊起來。這司機不像一般司機總愛聊父親不感興趣的政治，反倒愛聊他那念大學的女兒。說起自己生意失敗，虧了不少錢，付不出房租了，只好來開計程車。好一個普普通通的故事，沒多少曲折離奇灑狗血的劇情，甚至詐騙簡訊上的故事都比這個精彩。

我爸在後座以一個父親的角色聽得是一把鼻涕，一把眼淚，想起自己的創業維艱，將心比心，立刻要司機把車停在一個銀行前，冒著雨衝下車，讓司機等著別走。幾分鐘後，他又跑上車，手裡拿著提領的一萬塊新臺幣現金，硬塞給這位司機大哥並說道：「過年啦，快回家去吧，女兒在等你呢！」

五十歲的司機大哥很是驚訝，馬上眼淚便濕了滄桑的面容。兩個加起來過百歲的男人，在冰冷的臺北街頭相視而笑。

父親在年夜飯的餐桌上和家人提起這件事，當然是一陣懷疑他被騙的老掉牙說法。

「你不常回來，不知道現在臺灣是一步一小騙，三步一大騙，花招百出，你這算是初級班的，你一定是被騙了。」

我父親對他們的反應並不驚訝，只是悠悠地回了一句：「如果他是真的呢？我這錢也沒白花。但我情願他是假的，也少個有困難的家庭。」

他就是這樣的一個商人，一個帶著善心的商人，一個用世俗生活寫人生的文人。

文人小姑在《傾城》中曾說過：「因為我們每一個人都是獨特的個體，我們有義務要肩負對自己生命的責任。」

感謝這兩姐弟給我們陳家和社會帶來的貢獻，也給我的生命增添了很多繽紛的色彩和傳承的意義。文人和商人互相依賴，互相守護，不用彼此瞭解，更不用勉強求同。

貳

我和小姑

你才是我特別的天使
三個小孩一臺戲
女漢子手記
學渣有獎
羊毛出在羊身上，豬買單
完人教育
天臺的月光

小姑：

我們一直等⿱妳心，不想睡。可是也許會睡著。

⿱妳心可以在這裡做功課。謝謝小姑！

天恩
天慈　留的條子
一月二十六日晚上十點鐘

這張字條，平平整整地放在桌上。

再念了一遍這張條子，裡面沒有怨，有的只是那個被苦盼而又從來不回家的小姑。

「您」字被認眞的改掉了，改成「⿱妳心」。盡心盡意在呼喚那個心裡盼著的女人。

小姑明天一定不再出去。對不起。

……

小姑沒有回來，字條上卻說：「謝謝小姑！」

恩、慈並排睡著，上面有片天。

——《送你一匹馬・你是我特別的天使》節選

你才是我特別的天使

「重逢無意中，相對心如麻，對面問安好，不提回頭路，提起當年事，淚眼笑荒唐。提起當年事，淚眼笑荒唐，我是眞的，眞的，眞的愛過你，說時依舊淚如傾……」林慧萍的這首《說時依舊》發表於一九九〇年。

有一天小姑跟我和姐姐說：「你們喜歡哪位歌手，小姑寫的歌就給誰唱。」「齊豫、林慧萍、金瑞瑤、王傑……」

當時不知道小姑歌詞中的意境，只知道可以和偶像近一點也不錯。後來這首歌發表，才知道是小姑親身的經歷，當時她並沒有跟我們說過那次和故人的遇見，只是單純想讓我們也能參與她的創作。

小姑很少聽中文歌，車上放的都是曲調清新的英文歌，沒有太繁雜的編曲和配樂，也很容易上口。

「You are my special angel, Right from paradise, I know you're an angel, Heaven is in your eyes.」

音樂從白色的小豐田中傳來，儀錶板上沾著三個手指頭關節大小的塑膠娃娃，兩個金髮小女孩和一隻站著的小狗，是讀者的心意，小姑細心收藏著。我每次坐上車前座，就和這幾個小娃娃對上眼，他們衝著我微笑。小姑開車不快，技術也不是太好。有一回在臺北植物園還一不小心發動車後開進了水塘裡，嚇壞了水裡平靜生活的魚和蝦，還有旁邊的記者、讀者和家人，我們小孩嚇傻之餘也感歎小姑的真性情。

一個週六的下午，我和姐姐在奶奶家吃完午飯。小姑通常習慣晚上寫稿，這天難得中午前起床，因為今天是個大日子，我們要搬家至陽明山上文化大學的宿舍。小姑說她要去中文系教書，幫助學生瞭解不用好好在學校讀書，也能領會閱讀的樂趣，得到知識。

「天恩天慈，你們把那幾箱書先放上車。」小姑一邊喝湯，一邊對著我們大聲吩咐著。

好幾個封得緊緊的紙箱放在飯廳牆邊，沉甸甸的，看起來是個艱巨的任務，真不明白小姑怎麼會認為兩個不到十歲的孩子能擔此重任。

「我們搬不動呀！那好重。」我和姐姐剛吃完有點睏，只能在旁邊出張嘴。

書是用來看的，不是用來搬的，但把書搬來搬去的確是我們和小姑常做的體力活，每搬一次嘴巴上總會說，再也不多買書了，都來不及看完。下次一起去書店時，又忍不住興奮地搬回好幾箱，就這樣日復一日迴圈著。最後每次都是我強壯的爸爸助了好幾臂之力，才把那些書一一歸位。

「到學校怎麼搬上樓呀？」奶奶擔心地問。

「到那再找人幫忙吧！」小姑就是那麼隨性，從不會無謂地擔心。

「萬一沒人怎麼辦？你別自己搬呀，腰不好不能搬重物的。」奶奶又忍不住加了一句。

「臺北到處都是人，不會沒有人的。」

一個人的勇敢率性背後，總有家人更勇敢、更堅強的無限支持和包容，當然也免不了擔驚受怕。

所有東西都被搬上了小姑那部白色小車，把小車壓得很低、很辛苦。我和姐姐搶著坐前座，最後還是照老規矩來回輪流坐。當時我還真不知道為什麼搬個家要帶上兩個小孩，可能是圖個路程上的熱鬧吧！因為是週末，一路上車子很多，小姑戰戰兢兢慢慢開著，臺北的車流可不允許她像在沙漠中那般任性地隨便開。我和姐姐在車上吃著零食五香乖乖，喝著媽媽準備的養樂多。小姑的車比較人性化，不像爸爸不准我們在車上吃東西，喝水也不准，就差沒有要求換拖鞋。一路上看看塞車風景，我們這天好開心地上山郊遊去。

「Angel, Angel Whoa-oh-oh-ohwhoa……」Bobby Helms 深沉溫柔的歌聲深受小姑喜歡。

進入陽明山仰德大道路況平穩點後，小姑明顯放鬆了，握著方向盤的手也不再十指緊扣，輕輕地哼起來：「Angel, Angel woooo, la, la……woo la laaaa……」

我也忍不住來幾句：「wooooo laaaa……la……」每句都不在調上。

小時候常會暈車，這種山路通常讓我害怕，卻只有在小姑的車上特別放鬆，常常笑得忘了緊張和彎路的曲折。

那天天氣很好，卻因為塞車以及小姑不熟悉臺北的路，開了好久才到山上的文化大學。的確，週末的校園裡還是有不少遊客。小姑開到一棟不太高的白色建築前

↑三毛和作者姐妹倆
←三毛和作者

停了下來，順利找到兩個路過的壯丁來幫忙搬東西上樓，那是個人人熱心幫忙的年代。

我和姐姐狂奔上樓，迫不及待要聞聞這新家味道，看看新房是不是夠三個人住。白色的四面牆，深色的地毯，一室一廳，還真沒什麼新意，簡簡單單，勉強算有學術味。可能學校知道小姑有很多書，房裡有個很大的白色書架，靠牆靜靜地等著被填滿。壯丁在樓下樓上來回揮汗幫著忙，我已經急著想把箱子打開。

「那箱是小姑的衣服鞋子，你們不要動，等一下我們一起來掛，冬季夏季要分開放的。」

女人的衣服鞋子總是不讓人碰，小小年紀算是見識到了。又開了一箱才是滿滿的書，各種語言的厚書，還有我們的故事書也一起被帶來了，以便我們來玩時能看。我和姐姐因為搆不到太高的書架，只能放底下的幾層，突然想起媽媽囑咐要先拿紙巾沾點水把書架擦一遍。

「小姑，你有沒有紙巾？」雖然小姑常在她的文字間瀟灑地遊走，浪漫地體悟人生，面對上千觀眾演講，可是有時候生活上的事還是不讓人放心。答案真的是沒有帶紙巾，我不等小姑想出辦法，立刻跳上車拿了盒裝面紙，剛剛吃零食時把手弄得油滋滋，抽過幾張，正好派上用場。後來在一箱廚房用品裡發現媽媽還是偷偷給小姑放了兩盒面紙，媽媽就是我們最稱職的後勤補給。

「陳老師好。」一位穿著淺褐色薄毛衣、牛仔褲，頭髮整齊地紮了個馬尾的年輕女孩害羞地站在門口，禮貌地叫了一聲。

「您好，我小姑在裡面，你是房東嗎？」我姐姐問，生怕小姑忘了交房租，更怕今晚沒地方可住。

「不是的，我們宿舍是學校分配的，我也不是房東。」那位本來就害羞的女孩，被我們一番意料之外的回答嚇得臉都紅了。

「小姑，你學生找你。」我大叫著。

「其實……我也不是學生。」那女孩

三毛和母親

硬是被兩個小孩莫名其妙地安上房東和學生的身分，很是束手無策。

「陳老師您好，我是中文系上的祕書，我也姓陳。系主任讓我來看看您有沒有什麼事要幫忙的。」小姑一出來，她終於大大鬆了口氣，可以不用再和兩個小孩亂扯。

「我們已經搬完了，不用幫忙。」我直爽地插嘴說，有一種你怎不早點到的意思。

「你好，你好，快進來坐。」小姑客氣地招呼她坐在僅有的四張籐椅中的一張上。

我和姐姐坐在書架前繼續整理書，也玩玩帶來的紙娃娃，不知道一個娃娃的腳不幸還留在小姑山下的小木屋中，拼命在箱裡找另一隻腳。

「陳老師有沒有教學大綱？我可以先準備好，下週一回系裡再複印給學生們。」

這個女孩顯然很認真敬業，一心想完成系主任交代的工作。

「教學大綱呀，還沒有呀，我晚上想想。」小姑像個忘了交作業的孩子，一時間分不清誰是老師，誰是學生。

女孩拿出一本《撒哈拉的故事》，眼睛都不敢看著小姑，小聲地要了小姑的簽名就開心地走了，也算是完成任務了吧！小姑也用簽名成功逃過了一次交作業。

「我們出去走走吧！」小姑不理一地還沒整理完的紙箱，怎能辜負這麼涼爽的好天氣和晴朗的好心情！我們三人一下子又上了不在停車格中而是停得歪七扭八的白色小車，然後小姑還是差點迷路，摸到了一直想去的竹子湖。我和姐姐都是從小被保護得很好，沒坐過公車，不太習慣少了高樓大廈的郊區，一路上一塊塊的田野和亂跑的黑狗都讓我們不知所措，不知道該下車還是待在悶熱的車上。

小姑任性地把車停在一段竹籬笆的旁邊，像個好奇的小孩快速下車衝到一個田邊的小商店，完全不顧我和姐姐茫然的眼神。每次和小姑到一個陌生地方，她總是很願意接近當地人，瞭解每個地方的習俗，哪怕只是小小的飲食習慣和日出日落平凡的家常事，也能引起她極大的興趣。她和當地人總是像認識很久的朋友，語言不通也能雞同鴨講地聊上好久，笑聲傳遍一整條街，甚至成為以後深交談心的筆友。

商店裡有個穿著白色汗衫的老伯說著流利的閩南話，我以為小姑不會說閩南話的，其實她說得很溜。

「借問一下，海芋田在哪裡？」

那位老伯面無表情，頭也不抬繼續彈著煙灰，用留著長長指甲的小手指指了左邊路口。

小姑客氣地回應：「多謝多謝！」轉頭對在車上不想下來的我們說：「要不要下來喝點飲料，吃點東西？」

忙了一下午，小姑終於想到勞動過後很容易餓的，尤其是嘴饞的小孩。我和姐姐雖然不太信任那間沒什麼燈的小店，看起來不太乾淨，但總比待在車上餓肚子好，於是還是乖乖下車了。

「想吃什麼自己選。」小姑指著牆上白紙黑色大字的菜單說。

身為小孩真沒有點菜經驗，一般都是爸媽點什麼我們吃什麼，大人們自然會知道我們喜歡什麼，不喜歡什麼，或者是他們喜歡我們吃什麼，不喜歡我們吃什麼。一下子拿到這自主權，還真不知道怎麼使用。

三毛給學生講課

小姑大概知道了我們的彆扭，笑著說：「以前爸媽、爺爺、奶奶在旁邊，你們總是沒有機會給自己作主，今天在小姑這裡，你們做自己的主人，想吃什麼就點什麼，別管價錢，別管什麼垃圾食品，想吃就吃。」

我立刻把握機會大聲說：「我要吃涼涼的西瓜、冰可樂，還有布丁。」

「我要吃草莓冰淇淋和滷味。」姐姐生怕小姑反悔似的快速說完，看了一下動也不動的老闆，硬是把普通話轉個音自創成閩南話地說了句「多蝦，多蝦！」

「好，那我也來個貢丸湯。」小姑說道，也不管我們兩個淨點些奶奶一再囑咐不能多吃的東西，只要我們自己做的決定她都無條件支持買單。

吃完後一肚子的冰涼，路癡的小姑居然還記得老闆說的方向。我們順利來到了海芋田。一下車，一片白。

「海芋怎麼不是芋頭色？」我好奇地問。

「是芋頭長出來的花吧！」姐姐自作主張地回答。

小姑走過我們身邊，耐心地說：「海芋是一種花，長得像百合花，我們去那邊看看。」

我們跟著其他觀光客走到了田中央，還好有田埂小路，不至於弄髒鞋子和褲管，生怕回去被媽媽罵。我們除了睡衣，也沒有帶其他衣服應付小姑的一時興起了。白白的一片，一枝枝豎立站好，好整齊，好優雅，我心裡暗自誇讚，我這輩子也達不到這種淡定的氣質吧！

「小姑，你有沒有看《天龍八部》，段譽和虛竹的草上飛很厲害。他們也許也會花上飛，飛過這些海芋不會弄髒衣角。」放棄了高雅端莊的志願，我轉念想起昨天晚上看的武俠電視劇。

「那是金庸叔叔的作品，小姑的朋友，本名叫查良鏞，你們喜歡他，可以寫信給他，小姑幫你們寄給他。」小姑這提議簡直比海芋田還美一百倍。

「好呀，我要問他什麼時候寫《天龍九部》。」我睜大眼睛說。

我姐姐說：「我要問他王語嫣的頭髮怎麼留得那麼好看？」

「好好好，你們今天晚上都寫下來問查叔叔。」

小姑蹲下來，輕輕撥弄一片花瓣，湊上去聞了一下。我們也照著蹲下，做樣子地聞一聞，其實有一點怕蜜蜂或其他蟲類黏上鼻子，也沒聞出什麼芋頭或百合花的味道，反倒聞到滷豆干的蔥花味。

「小姑我們回去吧，爸爸說天黑了你就不會開車了。」我爸爸總是不太信任小姑在國外學的駕駛技術，當然不放心把兩個寶貝女兒交到小姑手上。

一路上慢慢開，終於回到文化大學宿舍，小姑拿出兩份信紙和圓珠筆，又在一張小紙上寫上「查良鏞」三個粗體大字，要我們模仿。

「金庸是他的假名嗎？他不想讓別人知道他的真名呀？」姐姐一邊吃力地模仿這三個很難的字，一邊問道。

「就像小姑叫三毛，也不想讓別人知道她其實叫陳平。爸爸叫陳聖，沒有假名，因為他比較胖，也比較高，不怕人認出。」我從小就能舉一反三。

小姑坐在茶几旁的地上笑說：「對，不能告訴別人小姑的真名。」

「小姑，你幫我們寫吧，我要去畫《我的童年》。」我一下就喪失了興趣，想去畫那本三百頁空白紙做成的叫作《我的童年》的書。

這本書是小姑有一次去家附近逛書店，聽店員介紹這是一本兒童創作書，就立刻買了兩本給我們。厚厚的米色封面和封底包著塑膠套，裡面是一堆光滑的兩面白紙。一拿回家，我們兩個小孩以為小姑買錯了或者被騙了，拿了一堆沒有內容的白紙給我們。小姑解釋這是一本天書，天上來的書，全是白紙，要我們自己的童年自己畫，也學習自己給自己的人生塗上色彩。除此之外，還有一條小姑自定的規則讓童年更為好玩——一旦畫上不能擦掉，只能想辦法增添，可以用任何筆，可以畫可以寫，也可以剪貼，可以撕毀揉皺，更可以多人一起創作微縮版的人生。

我打開小姑白色書桌的抽屜，拿出一隻粗黑的馬克筆，毫不猶豫地在新的一頁上畫了剛才看到的那塊海芋田。海芋很難畫，一顆顆就是個橢圓形，下面加個直挺挺的根莖，我自信地認為畫得非常像，像到可以大老遠寄給一位武俠名作家。在畫了太陽和幾片雲的天空上寫下「查叔叔，這片海芋田給你，你可以在上面寫《天龍九部》，但是不要讓虛竹活太久，因為他沒有頭髮，不太帥。我大方地撕下來交給小姑」。

小姑說：「你這要給查叔叔嗎？要不要上顏色？」

我回說：「不用，武俠劇都是酷酷的，不要顏色。」

小姑也尊重我的想法，把紙折起來放進了信封，說一下山就去郵局，寄到香港。

我的童年開心就好，不用害怕畫錯、寫錯、走錯路，不用害怕承認自己的不足和缺失。一支畫筆，填滿純白的天真；兩張紙，飛出小小的世界；三個田裡扶持的身影，留下陽明山上的大小腳印。有小姑的支持與鼓勵，一步步走出不同路的雙胞胎不怕孤單，不怕分離，只要有童年一起創作的畫冊和笑聲就已足夠。

那天晚上，三個人本該擠在一張床上，夢中有海芋田還有武俠，而其中一人卻在書桌上看書到天明。

二〇一八年我心中的大俠查叔叔和小姑在天上相見了，我在朋友圈寫下「江湖路笑傲同行，人間情仗劍永存。R．I．P．」放了一張查叔叔和小姑並肩而坐的照片。不知道小姑當年是否有把我那幅很醜的畫寄給他了？

三毛和金庸

我之所以選擇了以另一種文字形式來創作，主要動力仍出自對電影一生一世的摯愛。

……

在劇中人——能才、韶華、月鳳、谷音、容生嫂嫂以及余老闆的性格中，我驚見自己的影子。誠如一般而言：人的第一部作品，往往不經意地流露出自身靈魂的告白。

這是我的第一個中文劇本。

——《滾滾紅塵．前言》節選

三個小孩一臺戲

每個人的童年都有很多回憶，大部分人都有些想記得的開心回憶和恨不能徹底刪除的尷尬記憶。我在這裡不想把每個人的童年分類，也沒這資格，只是想把我那些開心的、難忘的、有趣的童年回憶和有興趣的人分享。也許不能借此改變你的童年記憶和現在的日常，至少能讓你的成年生活——那些眼前苟且多於腦後回憶的日子多幾分鐘的快樂，也就值了。

生不帶來，死不帶走。偏偏我和雙胞胎姐姐是被打包一起帶來世上報到的。也許團購的門票好買點，來到這個歡樂的家庭，也是幸運。

我的小姑，是你們認識的三毛，是陳家的二小姐。別說我老派，當時的社會稱呼講究禮數，不算是距離感，只是讓鄰里明白其家庭關係，也順便把誰家的第幾個女兒也分辨出了，大概是怕搞錯吧。相反，我們現代人那充滿個性化的網名，重在率性地表達自己。上網淘個寶貝，也能被叫聲親愛的，心裡開心，二話不說立刻掃碼付款。

三毛這筆名也許太一目了然了，但卻實實在在表現出小姑的簡單和直接。小姑以前還得意地說過，三毛兩字筆劃總共七畫，三加七是十，十全十美，就在這平凡無奇的筆名裡。看來以後給自己取網名，也得先算算筆劃數呢！給自己取名，是拿回那個出生時錯過一次的權利，取什麼名字能表現想成為什麼人。我和其他小孩一樣總想扮演大人，給自己取一個不屬於自己的名字。和小姑一起生活的兒時記憶裡總有很多趣事。慢慢感受著小姑的想像力，帶著我漫遊其中。長大後回頭看才發現，當時的日子很開心，也很懷念小姑叫著我的名字，那個存在她心裡的名字。

有一次我們新民小學的國文課，老師突然說要辦個同樂會，特別計畫一個演戲的節目，要我們幾個十歲左右的四年級孩子分組做起小小劇場，還一副大製作的架勢。我們幾個小鬼想演些特別的、角色多的有趣劇碼，大家都能參與。我的小學導師是個年輕漂亮的美術老師，高高瘦瘦的，當時正值新婚。小屁孩兒們很開心，一向以資深教師、嚴厲教學出名的私立小學，終於有點年輕活力了。這位林老師，和同學很談得來，大部分同學都很喜歡她的創意和親切。後來因為小姑常常來接我和雙胞胎姐姐下課，林老師也認識了小姑，成了朋友。在小姑的《送你一匹馬》當中的《你是我特別的天使》這篇裡提到的就是這位老師，而小姑也總是把我們身邊的老師當自己朋友，她自己則是我們的家長兼玩伴。

長大以後才知道，不管是現實生活中，還是網路世界裡，很多人都在扮演別人。扮演一個自己想做卻做不到的人，扮演一個自己內心深處的自己。

那場同樂會，我被要求負責編劇，不是因為我點子多，只是同學知道我家裡有個名字很奇怪的幕後幫手，總能搞點有意思的點子出

三毛在聖心女中

來，所以一份工作可以兩人做。這真是買一送一，買個小茶几，送個大沙發。誰知道這幕後幫手，後來寫出了《滾滾紅塵》的電影劇本，也許這場小學生的鬧劇還是個引子呢！

回到奶奶家，書包一扔我就往小姑的房間跑。奶奶家是兩個公寓房子打通的單位，足夠小孩子來回奔跑，練練體力，大人也可以練練嗓子。小姑住的是其中靠邊的兩居室，有一個臥室和浴室，還有個當時覺得很大的客廳和客廳中一堆的書櫃。小姑的書種類非常豐富，中文書和一堆英文字母上帶小點的西班牙語和德語書，大小不同，顏色各異，還有我最喜歡的《小王子》，各種語言的版本都有。比起爺爺書房那面黑色和深褐色為多，大小相同的嚴肅法律書籍牆，這一堆堆色彩豐富的書組成的背景牆可就平易近人多了，我們小孩也更喜歡待在小姑身邊。

小姑在爺爺奶奶家的房間裝潢很簡約樸實，只有些木頭的傢俱配上民族風的墊子。當時的我只覺得每個民族風的椅墊都有很多故事，好像都是什麼人的嫁妝或是定情物，一針一線充滿感情，小孩子因為這其中情感太重，不太敢靠近使用。

一下課，興奮的我忘了敲門就衝進第一道門，被後頭的奶奶說了幾句，趕緊在第二道房門口緊急剎車，敷衍地輕輕敲了半下，沒等小姑回應就自動打開門了。

「小姑，小姑，我們要演戲了！」

小姑坐在小客廳的地上看書，抬頭回說：「演戲呀？賣票嗎？」

我也沒聽進她說的話，大聲喊著：「是林老師要我們演一場戲，也不知道演什麼故事。」

小孩就是容易分心，前一秒我還為了演戲的事興奮著，後一秒看到小姑書桌上從國外帶回來的小玩偶，就自顧自地玩起來了。老師同學的交代早拋到腦後，反正只要我交代給幕後幫手就算完成階段性任務了。

「你們同學喜歡看什麼故事書？」小姑一臉認真地說。她總是事無大小，只要知道對我們很重要，或是事情本身有趣、有新意，她都會非常認真地對待。

我和姐姐紛紛出了些爛點子：《俠盜亞森．羅平》、《福爾摩斯》、《小王子》、《茶花女》、《巴黎聖母院》、《小甜甜》、《科學小飛俠》等，最後兩個其實是卡通片，也不是故事書。

小姑耐著性子，帶著鼓勵的口吻說：「很好，但是你們班有幾個人？幾個人要上臺演戲？」

「不知道，反正有很多。」對小孩來說，超過兩個就是很多。

「那這些故事有很多角色嗎？」小姑問。

「好像沒有，《俠盜亞森・羅平》就很多壞人，沒人要演壞蛋。」我說。

小姑終於出了個主意：「中國故事呢？」

「《西遊記》、《紅樓夢》、《笑話樹林》。」我和姐姐說。

小姑笑著說：「是《笑林廣記》。」

這些都是那時的我們似懂非懂地看過的故事書，是小姑一箱箱在東方出版社買的。每天下課，校車送我們到奶奶家樓下，我和姐姐都會吃著點心，迫不及待地看這些故事書，然後可以看一小時的卡通。沒有手機的童年就是這麼的單純而美好。

小姑說：「《紅樓夢》裡人物最多，每個人都可以有角色演。」

確實，人物多到我那小腦袋瓜是不可能記得清的，反正人多就好。

「那就演那個《劉姥姥進大觀園》呀！很好玩！」姐姐說，我附議，心想只要別讓我演那位想像中胖胖的劉姥姥就好。

後來，三個興奮的「孩子」就開始七嘴八舌地討論內容，說來說去還是選定《劉姥姥進大觀園》這個歡樂的篇章，畢竟是個孩子的同樂會，一般的愛情戲碼並不合適。

「讓那個張胖胖演劉姥姥。」

「你演林黛玉。」

「我不要演，我記不住那些話。」

終於有個有點理智的「孩子」說話了：「劇本不只是要有人物，還要有場景、道具、旁白、服裝等。」小姑提出了我們完全懶得去理會的細節。

那怎麼辦，好像比想像中難多了。但是也挺有意思的，至少比背國語課本裡那些文言文有意思多了。而且在學校排演，還可以不用睡午覺，可以隨時去喝冰水，想想都牛。

一張張本該是作家用來寫《撒哈拉的故事》的稿紙，活生生變成了小學同樂會的劇本草稿。不瞞各位，我當時真覺得要把複雜的中文字塞進小小

三毛和作者的姐姐陳天恩

的格子裡簡直是一種酷刑，因為我的字很大，也奇怪小姑是怎麼辦到的。小姑的字也不是規規矩矩，直挺挺站整齊的那種，常常是歪歪斜斜的，無論中文和英文都是，這在後來很多有收錄親筆書稿的書裡可以看到。

我們慢慢學著從人物關係、服裝要求、場景敘述等前期鋪墊開始，一句句對白以好記好念為唯一標準，以免幾個孩子一下記不住，會沒了興趣。三個小編劇一字一句，慢慢築起一臺戲，不在乎文學高度，只在乎輕鬆有趣的人生第一場戲。我心想也不會有人抱著學習中國文學，瞭解古代禮儀的心態來看這出鬧劇吧！創作的人寫得開心，演戲的人演得過癮，看戲的人笑得忘我，對小學生來說就是奧斯卡最佳劇本了。

「小姑，要先寫劉姥姥在鄉下，還是先寫她已經到了賈府？」我問道。沒做過的事我總是依賴小姑的意見。

「你想先寫什麼都可以，但是要說得出理由。」小姑一向重視啟發，從不指揮我們的想法，而是鼓勵我們多表達自己的意見。

「我覺得要先演她在鄉下，因為這樣可以表現為什麼她要去賈府，要不然突然出現會很奇怪，我們很多同學都沒看過《紅樓夢》。」我回答。

於是劇本交代了前因，劉姥姥要去賈府尋求資助，雛形漸漸出現，故事也逐漸完整。

「姐姐，你來想林黛玉，你最喜歡她了。」

小姑很瞭解我們兩姐妹，她總是不著痕跡地關心與觀察。沒有孩子的她把我們當自己的孩子，從不說教，總是鼓勵開放式的學習，對我們的成長有很大的幫助。三人帶給彼此的歡樂一點一滴在記憶中築成一座回憶的牆，牆上有小姑隨意的塗鴉，亂中有序，帶著愛。

「林黛玉身體不好，她不會出來見客的，不用寫她。」我總是喜歡和姐姐唱反調。

小打小鬧也是情趣，小姑總是說「雙胞胎打架，自己打自己」。

姐姐不贊成我的意見說道：「不行，我就要寫林黛玉，她也有病好了的時候，而且賈寶玉比較喜歡她。小姑是不是？」於是，林黛玉就硬生生地在花園裡採了花，還不能葬花，因為姐姐說花還活著。

劇本大致寫完，三個小腦袋又動歪腦筋了。我們一邊說著不管是誰演劉姥姥，都要給他／她穿上最奇怪的衣服，頭上戴幾朵大花，來幾句不知道哪裡的口音，一邊模仿著走起路來扭來扭去的樣子，手帕甩呀甩，再摔個四腳朝天。到底由誰來演劉姥姥呢？後來班上同學決定抽籤，那個本愛搞笑，有點微胖的康樂股長，眾望所歸男扮女裝地出演這個角色，通常當上康樂股長他也就料到會有今天。可惜當時沒有手機能拍照，要不然那些珍貴劇照對現在帥到分手的成年版康樂股長來說，好歹也能敲幾頓神戶牛排。

演出當天，我還是幫自己安插了一個小角色，一個給劉姥姥端上名貴鴿子蛋的家丁。我自己也認真地做了些角色分析和揣摩，設定成從小在榮國府長大，愛唱著歌幹活的瘦小孩。看似一個不起眼的龍套，還是有不少內心戲的發揮，才對得起大師曹雪芹的細膩文字。唯一一場上菜的戲，盤子要怎麼端，從哪裡上菜，都和小姑排練好幾遍，盤子裡還放一顆花生，代表那昂貴的鴿子蛋。一句對白也沒有，全憑精湛的演技，我演得開心，也算是打響從幕後跨界到臺前的第一炮。

男扮女裝的劉姥姥扭著腰進場，是小姑特別交代要有的步伐。他手上拿著的手帕是小姑從歐洲帶回來的，居然出現在中國文學戲劇作品中。因為經費有限，我們一人身兼多職，沒有場記和服裝，出了這點小錯誤，也只有高要求的三位編劇事後才發現。一場兒童鬧劇在嘻嘻哈哈聲中完全脫軌，沒照劇本走，白費了我們鐵三角編劇的一番苦心，好在大家玩得開心，也對《紅樓夢》起了興趣，從小鼓勵我們多讀書的小姑也算是達到目的了。

三毛在很多人心中擁有傳奇的一生，用生活在創作，創作也來自生活。當年看她書的你，現在人生是否還照著當初想像的劇本走？喜劇、悲劇、鬧劇、肥皂劇、偶像劇甚至真人秀，每句臺詞，每次過場都得算數，每場戲都不能重來。觀眾席有多少吃瓜群眾都不重要，人生常常是場獨角戲，不管有沒有對手，都要努力演得過癮，活得精彩。這劇本有太多意料之外的劇情轉折，太多本色出演的即興演出。三毛的人生是獨一無二的，我們的人生也不能複製，科技再發達也不能掌控這人生劇本。當年小時候的那場戲，長大後還在回味，也就算齣好戲了。

很多人看三毛的人生不外乎幾種看法：欣賞、羨慕、嚮往、感歎或者是不捨的複雜心情。很多人是因為三毛而開始想好好看看世界，也有很多人的青春回憶裡都有一個三毛，而那個三毛至今仍活在心裡。我兒時和青春期的回憶裡，沒有三毛這位大作家，只有一個疼我們又愛和我們一起玩的大孩子三毛，一個總是有些調皮點子，總是讓爸爸擔心教壞我們不肯早點睡覺的小姑，一個愛說鬼故事看我們害怕樣子的淘氣小姑。在我看來，她的人生劇本是個孩子王，是個創意王，是個從不在孩子面前顯露半點悲哀的可靠親人。她過世後，我也成年了，後來大學畢業出了社會總有人跟我興奮地提起她，跟我說他們心裡的三毛以及他們替書中三毛寫的劇本。

「你小姑是不是私下也很浪漫？是不是真有荷西這個人？」最常問的就是這些問題。

小姑真實地活在我的生命裡，有血有肉，有貼心善良的優點，也有所謂自我要求極高的缺點。她是一個普通人，一個用盡每一分情感給心愛之人的女人，一個只想擁有平凡愛情和溫馨家庭的渴望愛的女人。

如今我也差不多是她離開我們時的年紀，忙忙碌碌的每一天，在工作和夢想中徘徊掙扎，更是感同身受小姑活在人群中的不容易。人生就像當年那場孩子的鬧劇，糊里糊塗、懵懵懂懂地來到世上，逛逛花花世界大觀園，經歷了一些，看開了一些，也妥協了很多，然後完全沒有照劇本走，被時間推向意想不到的遠方，回頭看沒演好的那場戲卻已經不能重來。

八十年代末，小姑開始創作《滾滾紅塵》的劇本，我也有幸在二〇一八年夏天認識了嚴浩導演，聊了很多當時小姑對電影的熱愛，算是補上了小姑創作這部劇本時，我因為高中課業繁重錯過的遺憾。想想小姑在小木屋中比手劃腳，興奮地說的每場戲，好像我們的兒童版《劉姥姥進大觀園》。小姑總是對熱愛的事全心投入，忘了吃飯睡覺，奶奶總是在旁提醒，默默擔心。所有創作人都有幾個擔驚受怕的家人，當別人給予掌聲時，親人卻在為他們的健康擔心，同時也為他們實現夢想而欣慰。小姑在我們家人眼裡就是一位撲火的創作人，為了作品可以快樂地犧牲一切，而多少掌聲已是

作者和《滾滾紅塵》導演嚴浩

其次。

電影《滾滾紅塵》推出後榮獲了金馬獎最佳劇情片獎、最佳導演獎、最佳女主角獎和最佳女配角獎等多項大獎。那個早在幾年前就在我們幾位小孩心裡頒發出的最佳編劇獎，更是實至名歸。

我的想法是，一個眞正的完人，必須具備三個條件，那就是大智大仁大勇，這三個字眞能達到又談何容易呢？所以中國人說「好難」。好，眞是難啊！

……

美德之中，當然也不能缺少道德勇氣，不然，便是懦弱。懦弱的人，在我的淺見裡，就是如你所說：除了濫好之外，一無可取。

——《親愛的三毛・是美德還是懦弱》節選

女漢子手記

有人說三毛走了三十年，有人說三毛從未走，一直在我們心裡。對於我來說，已經有許久沒有和小姑聊天了，沒有聽她說那些有趣的異國故事，也沒有聽她一直叫背痛，那個她長年寫作留下的宿疾。小姑的形體走了，精神卻一直悄悄活在我們的人生中，用各種方式再生和啟發，默默地延續她的影響力。

有時候你不知道哪個人在不知不覺中就給你的心裡種了顆種子，有的人會常常記得來灌溉，有的人撒完種就不見了，然後在你心裡的種子還是天生天養的長大了，等你回過神，才知道當時撒種的人是用心良苦，我就是這樣一個受惠者。

小時候總聽小姑說起她旅遊的經歷和奇特遭遇，而近年很多人說小姑是女性自覺的先鋒人物。在我看來，小姑是由內而外活出了女人的極致精彩，她不為覺醒而活，只是順著心走。如今回憶起來，她的人生有幾個關鍵字對我影響至深：勇氣、自由、堅毅。

三毛在《親愛的三毛》中回復了很多讀者的來信，一字一句都是小姑親自回的。常常看到她在書桌前認真仔細地閱讀來信，忘了吃飯，忘了睡覺，她就是總把別人的事放在自己之前。這種情感的交流簡單直接，來信的人靜靜敘述心情，有少年的煩惱、情感的疑問、人生的困惑等，回信的人抱著交朋友的心態，希望能幫上忙，就算是一點提醒和安慰也好。我很喜歡這種情感的交流，慢慢地等待，一字一句更顯珍貴。

在其中一篇文章《是美德還是

三毛在嘉義縣曾文水庫度假村

懦弱》中，小姑回復一位讀者關於美德與弱者的關係時，她說道：「勇氣是可貴的，極為可貴，又最難實行，如果凡事缺少了實行的勇氣，再有智慧與仁愛也是枉然。」

我一直認為勇氣不是天生的，小孩子可能因為無知而無畏，年紀越大因為懂得越多就越膽小。有一次聽父親說起和小姑小時候的事。

「你們小姑總是膽子大，我年輕時在巷口玩抽香腸，那個老闆出老千，我們一群男生在那兒跟他理論，說不清楚，小姑經過就幫著我們跟老闆說，一堆堆的道理，還一點也不怕那個高大的胖子老闆。小姑就是這樣為了真理會據理力爭的人。」父親接著說，「還有幾次有個遠房親戚欺負奶奶，你們小姑也是站出來幫奶奶說話，大聲把那人罵跑了，當時她才八歲。」我想父親也很為小姑感到驕傲吧，雖然他從不說。勇氣其實沒有我們想像中的高大上，我們都是凡夫俗子，包括小姑也是平凡人。我們沒有拯救地球的超能力，也沒太大的野心，我想小姑在文章中說的勇氣是面對困難，走出舒適圈的勇氣，在生活中把美德實踐出來，不是在腦袋裡空想，做個幻想中的聖人，自得其樂。小姑一直是很實在的人，勇氣是她的善良化成的力量，她用一生成就了勇氣的實踐，從小時候為了奶奶挺身而出，到勇敢為愛出走，完成未知世界的探索。

當我小學六年級被選中代表學校參加當時很紅的電視節目《大家一起來》，需要回答幾個問題，兩隊對抗拿獎金，主持人是趙樹海先生，這也是我第一次上電視節目，很是興奮。

「小姑，我下星期要上電視了。我們五個同學要去參加《大家一起來》，我要先準備一下。」我從學校回來就跑到姑身邊，有點炫耀的心態。

小姑瞭解當時的我是個害羞的孩子，也有點膽小，只有在她身邊有安全感，所以也活潑起來。「那我們來練習一下吧！」

小姑把飯桌移到飯廳中央，讓我和姐姐站在飯桌後面，當作是答題桌。她自己扮演主持人，開始問我們模擬試題。

「《巴黎聖母院》的作者是誰？」

「雨果。」我激動地拍著桌子搶答，昨天才又翻了這本書。

「《茶花女》的主角叫什麼名字？」

「瑪格麗特。」姐姐最喜歡這本書，搶答也比我快很多。

「接下來這題沒有對錯答案，要說說自己的想法哦！」明明電視節目裡沒有這種題型，小姑硬是來個創新。「說說你為什麼要來參加這個節目。」小姑的題目看似簡單，要回答出亮點卻不容易。

「沒有這一題，我不會答。」我常常因為小姑的創意措手不及，卻也佩服她的心思。

「你們拿出筆記本寫下想說的大綱，再寫成段落。」小姑開始教我們演講技巧和準備方式。

就這樣，我們寫下想法，從羅列大綱到寫成幾個段落，小姑幫忙修改潤飾，再讓我們大聲朗讀出來。

小時候我並不愛說話，雖然在校成績不錯，也做過幾次班長和模範生，但上臺演講一直是個死穴，最多硬背幾句，說完就匆匆下臺，談不上享受其中的樂趣。

「好的演講首先演講人要自己很開心，很願意分享內容，把臺下觀眾當成自己的朋友，就是聊聊天，只是你在臺上他們在臺下。」小姑說起她多年經驗，「臺上一分鐘，臺下十年功，準備工作很重要。」

「小姑你的演講都很像在聊天，都很好笑。」我一直覺得小姑的幽默感很強，總是帶給人歡笑。

三毛在臺北街頭

然後我們三人把稿子重複背誦練習，一道不會出的考題被小姑教得很有趣。直至今日我常有演說的機會，她的聲音也總在我耳邊。

我們平凡人未必能犧牲生命做個大英雄，能夠克服自己的恐懼走出舒適圈已經花費了很大的勇氣。身為創業路上的長跑者，還要天天接受不同的挑戰。第一次談項目時的膽戰心驚，第一次銷售時的不知所措，面對衝突時的不卑不亢，都需要平凡人的勇氣、練出來的膽子和撐出來的心胸與沉著。我從害羞的小女孩變成了今天享受工作的女漢子，雖然還在學習，但很感謝當年小姑的啟發與鼓勵。

多數人對三毛的認識是從《撒哈拉的

故事》開始的，書中流浪異國的女子要面對各種讀者很難想像的困難，生活中每天上演各種文化衝突甚至是欺淩，還有離家的想念和對戰火的恐懼。我常常想，一段愛情真能夠全能地包容所有現實的缺陷和人性的掙扎嗎？我是沒碰到過這樣讓我奮不顧身的愛情，不知道有多少讀者碰到過，也真算是幸運了。

三毛的前半生是自由的，心靈和行動上都是，這是很多人一生渴求的境界。當時三毛住在阿雍旁的小鎮上，相對於三毛，那裡的女人卻沒有太多自由。《懸壺濟世》一文中，沙哈拉威女人因為不願意找男醫生看病，情願讓小姑這位半路出家的沙漠醫生看病；《娃娃新娘》中的姑卡，十歲已經嫁做人婦，父母之命沒得選，只能認命。不同文化下，女人的地位不同，享受的自由程度也不同。小姑總說我們很幸運，城市中生活條件沒有沙漠中的艱苦，但當時我還真不知道自由這東西的使用方式，只是單純知道這是個能讓人產生能量的好東西。

有一次放暑假，小姑打算和我與姐姐兩個人來段兩天一夜的小旅行，還讓我們自己選地點。兩個十幾歲的孩子心裡只想待在奶奶家吹冷氣、看卡通，隨時隨地有吃不完的甜食和奶奶無限的寵愛，根本不想大熱天去不熟悉的地方過夜，更何況我們還不知道這兩天一夜會不會很辛苦。從大家熟悉的小姑喜歡的遊歷方式裡我只得到一個結論，就是小姑總喜歡往條件差的地方跑，這次不知道會帶我們去哪裡，我有點害怕她的冒險精神和半夜襲來的蚊蟲。

「你們想去哪裡呀？小姑聽你們的。」小姑居然毫無預警地把選擇權交給我們，當幸福突然來臨時，總是讓人不知所措。

「嗯，我們想想吧！」這事關乎之後的四十八小時是舒適還是辛苦，兩個小孩必須好好商量一下。

「我們去翡翠灣吧？」

「翡翠灣上星期才去過，海邊會很熱，我們去鄉村裡吧！」我和姐姐很快決定。

「好，那我們找個鄉村，小姑認識一些從事文化工作的朋友，我可以問問他們。但是不能太遠，小姑不太會開車。」小姑很爽快地答應，還拋出另一項功課，並且說，「這一路上你們輪流做決定，我就聽你們的。第一天姐姐做決定，第二天妹妹做。」

我們兩姐妹從小被爸媽和爺爺奶奶寵慣了，雖然懂得好好念書，做個乖孩子，偶爾勉強自己陪爺爺去運動，最開心的是聽小姑說故事，但做決定這項功課卻從來沒碰過，也從沒人教過。

接下來的週末，我們跟著小姑來到一個鄉村。至今我想不起來那鄉村的名字以及在東南西北哪個位置，但是腦海裡的片段畫面卻很清晰。小姑用她不太熟練的車技駕駛著那臺馬力不是太大的小白車，是怎麼開到山上那村落的，至今也是個謎。在零碎的記憶中，車子是停在村子外面，我們在一群小姑的朋友帶領下，邊聊邊走進這個神祕的村落。下車時我有些疲倦，相信獨自完成幾小時車程的小姑更是如此，她卻還是很禮貌地和朋友、村民們問候，因為她知道這群人已經等待多時，一肚子的話看到車子遠遠駛近時早就憋不住，如果代入現代人的場景就是等待戀人上線時的期待，一秒也是煎熬，續發的熱情難以掩飾。

我們面前是一條很小的路，走著走著前面是段山路，然後再要沿著山壁走。小姑一路很高興地浸身在山野中，完全準備好好享受這個週末的逃離，我想我們是選對地方了。我小心翼翼地走著，因為很少離開城市而感到不適應。天空陰沉沉的，腳下踩著的軟軟的泥，空氣中濕濕的草味，都是我的童年中很少接觸的。小姑在我們孩子心中也是另一個孩子，談不上母親的角色，不指望她能照顧生活，倒是可以讓我們玩得很開心，也有一份她在身邊的安全感。

幾分鐘後，我們來到一間農家紅磚房前，房子並不大，門敞開著，裡面看起來很黑，也沒有聲音。

「曹奶奶，他們來了。」一位在隊伍最末端的大嬸大聲地叫喊，好像生怕被人搶了她的臺詞。

我們停在這房子的門前，因為沒有人回應，大家都不敢進去。我偷看了小姑一眼，她拿下帽子擦著汗，沒有句怨言。

那位剛剛大喊的大嬸果然是行動派，從隊伍末端一下子走到前端進了屋裡，探頭看看，然後回頭跟我們說：「奶奶大概在廚房沒聽到，兩個女孩在呢！」

我聽出這是我們今天要住的地方，而且還有兩個女孩作伴，應該會是不錯的週末。我們終於進了房屋，幾個大人加上我們兩個小孩已經把客廳擠滿。

大家把小姑圍在中間，一邊朝著裡面大喊：「曹奶奶，三毛來了，你寫信給她，她就來了。」

那位曹奶奶披著圍裙從裡面走出來，她是一位皮膚黝黑、不太高的中年女人，並不是他們口中的奶奶形象。

「三毛！你真的來了！」

她衝上去給我小姑一個大擁抱，旁邊的人開心地笑，我和姐姐卻不懂發生什麼事，只是跟著乾笑。小姑和曹奶奶問候完，一轉眼看到坐在牆邊木頭椅子上的兩個女孩，大概和我們一樣的年紀，兩個都穿著灰色衣服，閉著眼睛，雙手下垂，到肩膀的頭髮很淩亂。兩個女孩都一言不發，我想我們這群人吵成這樣她們還能睡著，一定是很累吧！

「天恩、天慈，快點過來打個招呼。」小姑的聲音穿過人群把我和姐姐拉到她們身邊。

我們在那兩個女孩面前站住，說了一聲「你好呀！」左邊那個女孩回了一句「你好」，另一個沒說話只是笑笑，眼睛還是閉著。

「好啦，拉把手吧！」小姑說著把四隻小手放在一起。

我和姐姐沉默了。這兩個女孩眼睛看不到，耳朵卻往上揚著。我和姐姐從小也有近視，所以對這一幕感到特別震撼，不敢走也不敢留。

我們不懂小姑來這裡的用意。晚上我們沒有在這兒睡，而是開回了臺北。回到奶奶家，才知道小姑是因為看到曹奶奶家的空間有限，留下來確實打擾。

那天晚上睡前，我忍不住問：「那兩個小孩是看不到嗎？」

「是的，我們去是給她們加油打氣的。曹奶奶給我寫了信，希望我過去看她們，她們常常聽奶奶念我的書。」

小姑看起來已經筋疲力盡，我們也就乖乖在她臥房旁的小客廳地上打地鋪睡了。這天本來該姐姐值班負責做大小決定，結果我們完全忘了這件事。

一星期後，有幾個小姑在文化大學的學生來拜訪，一群人在小客廳聊天嘻鬧，大家都很開心。每個人都說了畢業後想去哪裡、做什麼。有的人想和小姑一樣先狠狠地逛遍世界一圈，有的人想找份好工作，有的人想等男友當兵回來結婚，每個人都有不同的選擇，一切都很理所當然。突然那四隻不一樣的小眼睛出現在我的腦海裡，不知道她們有沒有想去的地方，想做的事？她們想上大學嗎？她們是不是也想去小姑的撒哈拉？她們有多少選擇？我們又能幫上什麼忙？一時間我為自己的木訥而內疚，沒能和她們好好聊聊，只是呆呆地站在小姑背後，什麼也幫不上忙。

自由不是隨心所欲，不顧後果。自由是在有選擇的權利時懂得做決定，在沒有選擇時保持心靈的自由。人活在世上，太多牽絆，太多不自由，有時候甚至還是自找的。我是個俗人，沒能做到說走就走的瀟灑，也沒能做到想說什麼就說什麼，常常因為顧忌尷尬，硬生生把抱怨咽了下去，然後回家自己懊惱。所以我想小姑是想告訴我們，自由就是選擇，而有多少自由就有多少選擇的可能。因為文化和時代不同，女人確實需要更多的付出才能替自己爭取到更多的自由，女人的堅毅也不容小覷。小姑曾說：「我是一個像空氣一樣自由的人，阻礙我心靈自由的時候，絕不妥協。」隨著年歲增長，生活的擔子讓我們也只剩心靈上的自由能繼續守護與珍惜。

一九八一年，小姑從南美洲回來寫了《萬水千山走遍》，講述墨西哥、洪都拉斯等地的遊記，當時也做了很多場巡迴演講。小姑的行程一向是馬不停蹄，常常回到家都是帶著劇痛的喉嚨、榨乾的腦筋，相信壓力並不小。

有一次小姑在國父紀念館演講，我的小學老師因為買不到門票，帶著兩盒三十六色的彩色筆前一天晚上來家裡拜訪，我父親好不容易跟出版社拿了兩張票給我的老師，第二天的美術課上，我的作品多了很多色彩，老師也順利進入演講廳。

那場演講人特別多，室內都坐滿了，還在室外的廣場上布置了座位，沒有買票「微服出巡」的爺爺就坐在室外的水泥地上聽小姑聊了兩小時，回來一直說旁邊的學生不停在喊著小姑名字，吵得他聽不清楚自己女兒的聲音。

「妹妹呀，你累吧？今天人好多，我坐在外面，旁邊的學生看到你出來都哭了。」爺爺等小姑一進門就拋出一句，父親對女兒的支持含蓄而真實。

奶奶早已在廚房準備了飯菜，知道小姑一定是一場場訪問接著演講，根本沒時間吃飯，又常常一聊起來就忘了吃飯。臺上的三毛，侃侃而談，臺下的陳家女兒在父母眼中是最不會照顧自己的。每晚三更半夜才開始寫作，靈感一來，不吃不喝也要寫，一坐就坐到天亮，腰酸背痛外加肚子餓是家常便飯。

小姑跟我說演講的技巧就是臺上一分鐘，臺下十年功，每次演講前小姑更是要花很多時間準備，埋首書案。我和姐姐常常在奶奶家過夜，不肯回家，小姑臥室旁的小客廳就是我們的臥房。常常夜裡我一翻身，望過長廊看到小姑臥室的燈還亮著。小姑閱讀的速度很快，她有時會念她的新作品給我們聽，一張張薄薄的稿紙散在床上，斜斜的一字一句，是小姑仔細斟酌下的心血。她握著筆的手指很細，有著我們家遺傳的皺褶，握筆力度體現了那個年代人對工作的認真。她的堅持是一字一句的自我要求，她的修改再修改是力求完美的自律。

就在上次小姑教了我們演講技巧後的一個夜晚，我好奇小姑是不是自己也實踐她的理論，就跑到她臥室，打算偵查一下明天要上臺的小姑是怎麼準備的。

「小姑你在幹嗎？」我故意問。

「我在準備明天耕莘文教院的演講。」小姑看起來很忙。

「那麼累，有賺很多錢嗎？」從小就很實際是我的天分。

「沒有，不收錢的。」小姑和我相反，常常興之所至忘了收錢，講的人開心聽的人受益就好。

「那你講那麼多場幹嗎？乾脆不要講了，和我們去翡翠灣玩，奶奶說你寫字太多背會痛。」我很喜歡去小姑在翡翠灣的海邊小公寓度週末，聽她講故事。

後來小姑又一連講了三場，每場兩小時，場場都爆滿。她沒有讓觀眾失望，卻讓家人很心疼。這是女人的堅毅，也是對喜歡她的人的感謝。很多人崇拜三毛的天分、善良和浪漫，卻鮮少人知道她背後的努力，長年挑燈夜戰造成的僵硬的背和肩頸。我常常被指派的任務就是拿小姑收集的石頭往她的背上敲。小孩使出全身力氣，長年宿疾的小姑還覺得不夠，在旁邊的奶奶是多麼不捨。

如今我在電腦上敲著鍵盤，也是半夜時分。我沒有小姑的文思泉湧，但也能深深地體會小姑的辛苦。萬事起頭難，堅持更難。沙漠中練就出了小姑的吃苦耐勞，把堅毅藏在溫柔的外表下。小姑的好友桂文亞老師曾在《三毛——異鄉的賭徒》中寫小姑曾對她說：「你的失敗，比你的成功，對你更有用！我之所以寫作，也只是有感而發。我的文章，也就是我的生活，我最堅持的一點是我不能放棄赤子之心。」小姑青

三毛在嘉義縣曾文水庫度假村

春正茂時寫出《惑》、《極樂鳥》等，都是少女內心的憧憬。

《撒哈拉的故事》卻是扎扎實實的生活，沒有新婚的浪漫，只有生活條件的匱乏帶來的窘境，處處是困難和努力適應。

我想，寫作是小姑的自我療癒，也是她對自我成長的梳理，甚至是自我安慰和鞭策吧！安慰自己現實的不美好之餘，鞭策心裡那個小女孩快快長大。也許有時候我們以為成就了某件事，事實上是某件事成就了我們。堅強隱忍的過程，療癒了我們最不想面對的無奈與失落，一個女漢子也就被自我養成了。

春天來了，沒有人在讀書。

……

我的日子不再只是下課捏雪人，我的日子也不只是下課咖啡館、圖書館，我脫離了那一幢幢方盒子，把自己，交給了森林、湖泊、小攤子和碼頭。

那種四季分明的風啊，這一回，是春天的。

——《夢裡花落知多少・春天不是讀書天》節選

學渣有獎

小姑是個很少看電視節目的人，卻是第一個介紹益智遊戲和節目給我的人。前幾年我在網上也看到一檔很優質的節目《最強大腦》，就是那個讓人開始懷疑自己的智商，又羨慕別人聰明才智的節目。節目中從全中國甚至全球網羅各式各樣的記憶大神、大力王、數學天才、語言天才等，他們都負責在這製作精良的節目裡讓人滿地找下巴，還心甘情願地奉上如雷的掌聲。有一次播出的節目裡有個年輕人擁有超強記憶力、觀察和分辨能力。測試的方式也很古怪，我身為觀眾，除了驚歎選手的鬼使神差，更驚豔於節目組的創意，考核方式既具難度，也有趣味，這次還很應景，更有小幽默。

這次選手必須分辨一百個小籠包，其中有兩個裡面分別放了福、壽二字。之後所有一百個小籠包一起放進蒸籠去蒸，參賽選手要從一百個包子中找到那兩個放有福壽鐵片的包子。這包子在一般人眼裡就是一口吃下的美食，剛出爐又特別香，選手卻得忍著嘴饞，仔細觀察看起來一模一樣的包子，努力分區記憶它的特徵，再一一記在心裡。

每回看到小籠包，都讓我想起我們家去餐館吃小籠包的情景。小姑每次都會搞笑地說：「看看這綁了髮髻的湯圓！」然後把孩子們逗得很樂，還把頭髮往上抓起，模仿起綁了髮髻的小湯圓。現在看來就是流行的刺蝟頭，加上一點褶子和流行的乳白染劑。蒸籠一上桌，熱氣撲鼻，小孩如我傻愣愣地盯著這些髮型時髦的湯圓看，就會被大人念著說：「快吃呀！趁熱吃，包子是用來吃的，不是用來看的。」如今看過這節目的我就能回嘴：「《最強大腦》上的包子就是用來看的。」

兒時玩的七巧板，是小姑從國外帶回來的。一個方形的框裡要放進七個大小形狀各異的木板，小姑常常還要考驗時間長短，雖然她自己也未必會在限定時間內完成。那是我接觸到的第一種益智玩具，無聊的時間總被小姑拿來比賽，還會跟我們說很多國外益智節目的內容，當時看不到太多國外節目，所以我們只能靠想像和小姑的講故事天賦，也對這種腦力激盪遊戲產生了興趣。

網上很多的三毛金句，我特別喜歡小姑說的：「一個人至少擁有一個夢想，有一個理由去堅強。心若沒有棲息的地方，到哪裡都是在流浪。」天才也需要普通人般的努力，無論是天生腦細胞數比一般人多或是後天的訓練，都需要有超乎常人的毅力。從小家裡就教育我們要成就別人成不了的事肯定要忍受，堅持做別人做不到的事，克服別人克服不了的困難，對心理質素的要求也高於一般人。我們小老百姓和特斯拉的馬斯克何止是智商的差別。人家不計成敗地試射火箭，就為了完成送人類遨遊太空這樣一個看起來不可能的夢想。中間不知經過多少挫折，再加上不屈不撓和無邊界的創意，可不是一般在家玩手機的阿宅們做得到的。其實不用多，只要比一般的自己少點拖延，多點努力、堅持和信心，你也可以上太空。

從小家裡從沒在課業上要求我們什麼，成績好壞在我們家從來就不是個上得了檯面的話題，完全比不上哪家餐廳好吃，哪家書店出了新書這樣的話題能吸引家人的興趣。學業上我們一向是自己搞定，然後好壞自己負責，要補習、要家教也是自發決定，家裡可以提供支援，時間上安排好就好。但在品格培養和禮儀訓練上，卻對我們訓練嚴格，從沒少要求過。在奶奶家吃飯可是件大事，擺好碗筷是我和姐姐兩位小童工全權負責的工作。有幾個人，誰坐什麼位置，碗筷、碟子、餐巾紙放正，兩根筷子高低齊平，都不得馬虎。長大後有幸去米其林餐廳吃飯，看看這些擺餐具的細活兒，我可是從小受過訓練的，對此並不陌生。

小孩要先上桌等大人入席，但是不能碰筷子，再餓也不能先吃，雖然奶奶每次都說「你們先吃，沒關係」，但我可不想冒被罵的風險，就硬生生把口水咽了下去，心想還是再等一等吧！

「去請小姑吃飯。」奶奶吩咐。

對的，這也是我們倆小童工每天的工作重點。我們知道邊跑邊叫不禮貌，又想趕快完成工作回飯桌上吃飯，就前後擺臂健步跑到小姑的房間，用上小孩的快速敲門法，咚咚咚！咚咚咚！

「小姑，吃飯了！」

一推門，兩張小臉一左一右張望，奇怪，小姑怎麼不見人影。我們只好跑到旁邊看看，原來小姑在她的專屬小客廳裡聽音樂，穿著白色襪子的雙腳蹺在木頭茶几上搖呀搖，很陶醉的樣子。

「you are my 張三，my only 張三。」

當時英語水準非常有限，只聽得懂「you are my」，而「sunshine」硬被聽成了「張三」。至於誰是張三，就懶得追究了。

沉浸在音樂裡的小姑也不解釋，回話說：「我聽完這首張先生的歌就過去吃飯哦！」

等爺爺奶奶坐好，大家也入座了，可別以為就能吃了，還有件大事得先執行。

「親愛的主，謝謝你賜下我們日用所需的恩典，也謝謝你賜下桌上豐盛的飲食，求你潔淨桌上的飲食，讓我們吃了身心靈都得著健壯。感謝主，讚美主，這樣禱告是奉主耶穌基督之名，阿門！」

往盤裡的大黃花魚瞧，順便也瞧瞧旁邊的姐姐。嘿！果然她也在偷瞧，我們四目交接，互相回敬一個長舌頭，雙手還是緊緊合十著。偶爾也會看到小姑好像早知道我們的伎倆，努力忍著笑，有時眼睛還是緊閉著或者跟我們眨個眼，就當作是我們三人之間的祕密。只是至今無法證實小姑是否看到了我們倆姐妹的這一幕，偷笑卻不說穿，她總是縱容我們的天真並且默默欣賞。

除了餐桌禮儀，在我們家身體健康也很重要。爺爺雖然文質彬彬，是位謹慎的律師，不過他也是名運動愛好者。如果當時有健身房，他可能是裡面年紀最大卻最勤奮的會員，分分鐘練出六塊腹肌，放上微博秀秀，我們也因為有個精神奕奕的爺爺感到驕傲。爺爺從未放棄培養我們幾個小孩成為運動健將的夢想，或者說是幻想。他希望有一天我們能在球場、田徑場揮汗，然後他能在觀眾席替我們鼓掌加油。可偏偏我們一直不愛運動，天生手腳不協調，也常發懶不想動，體育課能躲則躲，莫菲定律就是如此。在我們小小心靈裡，不能好好坐著的這堂課可是難度係數最大的一門，體育老師則是我最害怕又最崇拜的人。其實，運動這種事，就像吃青菜一樣。小時候很多小孩都不喜歡，長大後為了健康，為了健美，自然會嘗試了，還是發自內心、心甘情願並引以為傲的那種。也就是說，運動這事對年幼的我來說不是不動，是時候未到。

三毛和作者姐妹

總是不按牌理出牌的小姑卻來了個創舉，有次暑假，居然幫我們請了個家教老師。小姑從來不過問我們的課業，怎會心血來潮主動給我們請什麼家教？不是數學，也不是英語，更不是她專長的中文，而是爺爺最重視的體育！這對年幼的我來說可是個晴天霹靂，說好的在家吹冷氣、看漫畫的暑假，怎麼就這樣每天被活活拖出門上課。爺爺以前是網球高手，常常帶著我和姐姐去球場看他打球，我心裡常想，這種快速跑來跑去，要求極強專注力和臂力的運動，還真只適合看看就好，至少服裝很漂亮。

「是網球嗎？我跑得很慢。」我嚇壞了。

「網球還不行，你們還要練練體力。」小姑誤會我想學網球。

說是家教，就是一對一的小班教學，盯著你不得偷懶，陪著訓練體能，陪著打發暑期時光。每天吃過午飯，下午兩點就得換好體育服裝，穿上跑步的球鞋，被送到鄰近的臺北田徑場準備上課。那裡好多人在運動，有人跑步，有人拉筋，有人做體操，有人玩球，有人快走，有人就只是來看看。空氣中彌漫著濃濃的汗水味和活力，還有人默念「我要健康」的宣言，大概沒幾個人是像我們兩姐妹這樣被拽著來上刑場的。

開始是幾個簡單的熱身動作，拉拉筋，瞭解一下平時的運動習慣，其實我們根本連散步習慣都沒有，只是偶爾跟爺爺去公園，在鐵欄杆上爬上爬下，溜滑梯，盪秋千，運動量極小。第一堂課只是試水，讓我們知道什麼是自主運動。先來二十個仰臥起坐，我們在草地上躺下，輪流壓著腳，慢慢地用小肚子把沉重的身體拉起，老師在旁邊數著數。我心裡想起中午奶奶做的青菜煨麵，還有早餐的紅豆麵包，肯定都在腸胃裡混在一起翻滾。生平第一次感覺自己的頭好重，怎麼拉都黏在草地上，一動也不動。再來就是重頭戲——跑步。田徑場的跑道跟我真不熟，那麼大個圓，一步步跑了幾圈，轉得頭都昏了，仿佛腳上掛了千斤重的石塊。訓練需要堅持，大熱天的暑假，我本該趴在客廳沙發上，畫著小姑送的那一大本叫《我的童年》的空白書，完成我的曠世巨作，畫出自己的童年，怎會滿身臭汗，黏答答地在這兒被烤焦。小小年紀的我只想衝去街口買橘子口味百吉冰棒，還有趕快回去跟小姑說我再也不要上體育家教課了。

一分一秒，終於熬到下課。爬回奶奶家，餓成兩隻小狗的我們拼命往嘴裡塞小熊餅乾配冰牛奶。

「今天好玩嗎？」等了我們一整個下午的小姑興奮地問。

「好玩，老師好棒，跑好久都不會累，還能和我們開玩笑說話。」我說著，手裡趕緊抓一把餅乾，以免被姐姐搶走。「那好，以後阿爺可以多帶你們去跑步。」小姑開心地說。

我姐姐瞪了我一眼，不知道是因為我說錯話，還是因為我搶了她的餅乾。很快又到了下周的上課時間，怎不見老師？換來了兩位老師的女學生，一個長髮，一個短髮，照顧我們這兩個不愛跑步的小孩可是件苦差事。跟上次一樣從熱身運動開始，我常常覺得熱身的運動量對我來說已是極限，熱完身，全身已經發軟了。這兩位臨危授命的女學生不但人長得美，而且很有耐心，對於我們兩個耍賴的學生一直是連哄帶騙地儘量讓我們多動一下也好。當時正值爸爸媽媽從東南亞旅遊回來，天空飛過一架飛機，我抬頭彷佛看到回家拆禮物的幸福場景，眼前看不到終點的跑步也就有了盼望。

小姑在我們童年裡說過最出名的一句話就是「你們考最後一名，就有獎。」這句話一出，常常把旁邊的爺爺奶奶、爸爸媽媽都給嚇壞了。這倒轉的思維，像是倒著跑步的人生，不求最快，只求不同視野的愉快童年。然而，這種顛覆了固有求學觀的打賭競賽並沒有想像中容易。

我在心裡盤算著怎麼拿到小姑準備的獎品，真得好好擬個「不讀書計畫」，設定個小目標，先退後十名，再二十名，再三十名，一步步朝最後一名的寶座努力前進，不對，應該是倒退。每次考試時，老師那尖銳的眼神，再加上道德感驅使，我不得不誠實作答，怎能明明會答的試題裝作不會答，這是對辛苦出題的老師不尊敬呢！然而這場競爭，班上的對手可不少，一個個虎視眈眈，不念書、不做數學題、不記單詞、不背課文、上課睡覺，連閉著眼睛都會的公民與道德都可以考個不及格的「好」成績，真是個中能手，我自歎不如。我的「強項」只是記不住文言文課文，數學題和我關係也不太好，其他就沒什麼競爭力了，成績老是在前幾名徘徊，一個不留神，還跑進前三名，離得獎的最後一名目標越來越遠。

小學班上有五十幾位同學，要考到最後一名和第一名，難度同樣都很高，還得算得準，一名不差，小姑也真是會出難題。

有次我拿了成績單回家給爸媽和奶奶看。小姑在旁把玩著她在各地收集的石頭，嘴裡哼著不成調的音符，一眼瞥見我的成績單，搖搖頭，失望地說：「又是九十分，你什麼時候才能考個最後一名回來，給我開心一下，我帶你們去吃仙草冰或愛玉冰。」可是事與願違，我又再一次讓她失望了。不怪競爭對手太強，只怪自己能力不足，有負所托。前一和後一都做不了，只能做個平凡的中等生吧！

從小做班級後段學生的小姑，在《鬧學記》裡曾說希望教室就像一個遊樂場。她努力在我們這兩個小孩身上實現這個夢想，從田徑場到教室，處處希望我們找到歡樂，享受學習。我們這兩個孩子也在她為我們建構的遊樂場裡開心地寫下童年的回憶故事。

這個學渣獎，我終究還是沒能得到。其實小姑也就是讓我們明

三毛和父母、作者在聖心女中

白一個道理，她總是用好玩又有創意的方法來啟發連很多大人都不明白的道理。從小喜歡一個人閱讀的她，從來和學霸無緣，在學校也不是討老師喜歡的學生，在那個年代受盡委屈。長大後我才明白沒有什麼學霸和學渣，全看你的專長在哪兒，興趣在哪兒。在數學上的學渣，可能是語文學霸，反之亦然。高分就能稱霸，少幾分就變成渣了，其實「霸」和「渣」的差別也不過是排序方向和觀看角度的不同而已。人生在世，則是點線面、長寬高，甚至是四維空間的集合，是多維度的呈現。好與壞、對與錯，豈是一條直線上誰先誰後就能簡單評斷的。只要保有一顆愛學習的心，都該頒個獎項給自己鼓勵一下，不管你是學廣場舞的大叔大嬸，還是學走路的三歲小孩。學霸或學渣都不重要，只要不停學習，都能活出屬於自己的精彩，享受這遊樂場課堂，並在人生跑道上得到喝采。

我覺得一個人追逐金錢，絕對不是只爲了「我愛錢」，而是因爲他們知道錢後面有它高貴的意義在，而我已經跨越了這一步。衣食住行統統有了之後，金錢對我已經不是很重要了。

……

富，是在於怎樣有智慧地支配金錢。我很會花錢，一百塊臺幣我可以花出很多種類，我是一個很會用錢的人。

——《流星雨．錢不錢沒關係》節選

羊毛出在羊身上，豬買單

先入為主是種可怕的習慣，或者說是人性。常常有人把我定位成在文字裡打轉的文青，雖然我很享受文字世界，對於這個標籤我也不反對，只是我的世界也不是只有和文字打交道，還有很多現實問題。雖然不美也不高大上，卻是真實的生活，充滿挑戰性，我也享受其中的真實和美好。多元化的日子讓我們的人生更豐富，也看見各式各樣的風景，認識些有趣的人和故事。正如當年小姑常常和各行各業的人交流，從街邊賣鹽酥雞的小販、沙漠中的旅人到文學教授、西班牙雜誌總編，她總說每個人都有自己獨一無二的故事，值得花時間瞭解。

剛來加拿大時，每次和不同國籍的同學聊天，話題總是停留在文化差異的客套話上，或者是談談無關緊要的天氣。彼此以為對方喜歡什麼，以為對方是怎樣的人，以為對方會有什麼反應，一堆的以為來以為去。我們華人就以為西方人很會運動，數學很差，嘴巴甜會說話，很懂得過生活，是享樂派。相反，西方人就以為華人個個可以心算出十位數的算數，都是愛炒房的富幾代，都會功夫，並師承李小龍。我和小姑一樣，從小數學就不是強項，本以為來到加拿大，抱著僥倖心態，以為有機會因為西方同學更差而顯出我還算不錯，結果事與願違。幸好現在只要有手機，匯率可以自動換算，至少錢不會算錯，還能掩飾一下我的弱點。後來發現，西方也有很多工作狂，腦子裡內置計算器，籃球場上來個上籃總是光投不進，上臺演說簡直要他命，而且還很愛老乾媽辣椒醬。

一般人眼中的三毛是個作家，大家從書中認識她的喜怒哀樂、異國生活趣事，從中瞭解她的那股仙氣。這幾年，有很多朋友跟我聊起三毛，也常看到微博、微信和網上的評論、各種原創文章的發表，字字真切，句句動情。有人說有幸今生看過《撒哈拉的故事》，這是何等大的讚美，感謝再感謝。同時，我也在想，從家人視角來看，這位我們小時候接觸的看來平凡的家人，原來不只給我們很多歡樂和新鮮的觀念，在同一個時空，甚至多年後的不同時空裡，還有好多認識或不認識的人都受到她很大的影響和啟發。當時年紀小，只知道上街會有人要小姑在書包上簽名，還會順便拍拍站在旁邊的我和姐姐。簽完名，她又變回到我們的小姑，一個好玩有趣，不會罵人，不會囉唆，喜歡生吃紅蘿蔔，要我們勇敢做自己，也有點小聰明和調皮的親人。

當時臺灣流行掌上電動玩具，任天堂最火，但是沒有彩色的，還是黑白機。同學個個都有，每天都會帶到學校交換玩。在班上，我因為喜歡玩不同種類的掌上電動玩具起了小小中盤商，系統化承接交易，仔細把同學有的機種和遊戲整理成一個清單。同學們來我這兒集中交貨，我幫他們詳細登記遊戲種類，檢查機器是否能正常運作，記錄借出和歸還時間日期、借機的同學姓名，並和其他班的同學交換我們班裡沒有的遊戲，當然其他班同學也能來我這兒挑選我們班的遊戲，我的好處就是每個遊戲借我玩幾天。誰說小孩沒有商業模式，這可是共用經濟協力廠商平台活生生的真實案例呀！後來，有幸得到資方入股，就是我的生意人老爸，小姑口中的俗人，給我和姐姐各買了一臺任天堂。轉眼間我成了有產階級，這小生意也立馬有了質的提升。

我的是綠色的機子，左右兩邊按鍵就是標準的任天堂按鍵，到現在這設計也沒多大改變，上下左右和跳起鍵。遊戲是一隻小猴子，爬上爬下，翻山越嶺，還得打敗很多怪獸，吃一堆香蕉，流著滿身大汗，就為了救另一隻只知道吃香蕉、晒太陽的母猴子。同樣是猴子，怎麼有的就能吃蕉坐等別的猴來拯救呀？原來這遊戲，用心良苦地教我們一個道理：雖然猴生而不平等，但是助人最快樂。遊戲界我真服了任天堂的寓教於樂。賣遊戲機的是對面巷子裡的書店，這書店因為有賣小姑的書，所以和我們很熟悉。選了很久，終於買到新遊戲機的我可真是開心極了，從學校到家裡，再從家裡到學校，每天和那只小猴子忙著拯救行動。

玩了幾天後，有一次在奶奶家玩起擺地攤的遊戲，把一些玩膩的玩具加上零食、故事書、漫畫書和文具通通出清存貨，就像現在的周年慶和雙十一特賣，不同的是當時是實體店的小本經營。為了吸引客人，其實也就是家裡來來往往的大人，也得有點廣告，於是我們像模像樣地用彩色書面紙寫了張大海報——跳樓大拍賣，一件不留。當時也不懂，一件不留就代表著所有玩具都沒了，卻能換來更多資本進貨。

一家小店，小店主沒什麼心思招呼客人，只是盯著電視上的卡通《小英的故事》。一個客人上門了，「這鉛筆盒怎麼賣呀？」小姑是第一個，其實也是唯一一個有童心跟我們鬧的客人。我心想，真有眼光，這鉛筆盒只是擺著充充場面，日本製造的正版雙子星娃娃圖案，雙層自動彈開系統，還有橡皮擦專屬隔間。這等級的鉛筆盒，要是在現代，肯定來個人工智慧，手機應用程式控制燈光系統，讓你三更半夜也能寫作業。這可是我的鎮店之寶呀！根本沒打算賣的。

「這鉛筆盒很貴，要一百塊。」我回答說。

對一個小孩來說一百臺幣就是天價了，心裡想著你肯定覺得貴吧，想讓這位唯一的客人知難而退。

「我不用鉛筆盒的，我看看其他的。這些全部都要賣？一件不留？」小姑問。

銷售第一門課，就在這簡單的問話中展開。一時間，孩子的內心戲很多，腦子裡高速運轉著。想起平常在旁邊聽老爸談生意，以為自己也學了些，初生之犢不畏虎。買方賣方各懷心思，一來一往，還帶著戲。買賣跟年紀無關，全看誠意，當然前提是產品品質要好，服務要到位。小姑站在如來佛的制高點，看著這孩子怎麼耍猴戲。孩子認真起來，可是當筆大買賣在做。

「是呀！慢慢看哦，喜歡可以拿起來玩。」我帶著大大的微笑回應，畢竟客戶體驗很重要。

小姑也很當一回事，來回仔細端詳每件商品。她拿起一本《老夫子》漫畫書說：「這裡面有塗了色呀！」另一本《基督山伯爵》畫了線。「這本也有畫線，誰畫的呀？」

小店主生怕被這位道行很高的客人講價，連忙說：「是呀，塗了顏色好看，畫了重點比較容易看，免費送的服務。」小姑看著這個為了賺錢，小腦袋轉得很快的小孩，接著指著一個白色泰迪熊說：「這小熊身上有髒東西呀！」

「那是阿娘煮的麵條，你也喜歡吃的那種。」

小姑開始覺得這小店主可不容易，生意雖小，一句句對話在空氣中來回過招。其中很多玩具還是小姑從國外帶回來的，無本生意真是好賺。

「那個小錢包是不是歐洲貨呀？哪兒來的呀？」小姑逗著我們問道。

在旁邊一直沒出聲的姐姐搶著答道：「是你自己給我們的呀，哈哈！你都不記得了，是你在歐洲買的，我們有兩個。」

我們通過簡單的擺攤角色扮演學著如何推銷自己，優勢和劣勢，客人的需要和問題，能提供什麼解決方案要先搞清楚。當時我們可不知道什麼成本核算、市場分析，全憑孩子的單純善良和客人的信任。二〇一三年我去了趟烏鎮，街邊小販的叫賣聲、討價還價、商品陳列、努力討生活的樣子，一秒間帶我回到童年的這次擺攤初體驗。

「在這兒開店多久啦？東西還不錯呀！」我心想，小姑好入戲呀！我當然也得好好配合演出。

「新開的，都是爸媽買的東西。」我天真地說。

「那本《基督山伯爵》好像是我買給你們的。」

小姑常常會帶我們去東方出版社買書，都是以箱計算，原來她替我們選了哪些書她都很清楚，也不是隨便挑，只負責付錢不管內容的。她知道我喜歡偵探推理故事，姐姐喜歡公主王子幸福快樂故事，本本都記在心裡，也期待我們看完書會有不同感悟，或者只是單純地從中得到快樂，也已足夠。

如果當時年長幾歲，肯定不會把貨品來源跟客人說的，可那時的我還是個商場小白，也就知無不言了。拉扯了幾十分鐘，奶奶來問我們要不要吃包子，我說好。

小姑說：「買東西還送包子吃呀！」

「是呀！」

後來，我們就坐在沙發上一起吃起了包子，邊看卡通。

小姑好像忘了這筆懸著的買賣，顧左右而言他。我當然想盡快成交，心裡七上八下。後來長大做生意，這種懸而未決的買賣比比皆是，每次我都想吃個包子給自己壓壓驚。

小孩子哪兒沉得住氣，我忍不住了，於是說：「那你要買什麼？」

小姑說：「就買你畫過的那本《老夫子》，還有《基督山伯爵》。」

原來我的塗鴉還有點價值。收錢交貨，客人轉身看到那個任天堂的遊戲機。

「這個多少錢？」

小姑肯定是觀察到我最近迷上這遊戲，故意說要買走它，試試我的反應，看我會不會捨不得。有時候大人就是愛逗小孩玩，然後得意地在旁邊偷笑。

「很貴，一百塊！」

「好，我買。」小姑當然知道不止這價，還真是撿到寶了。

天呀！大生意。孩子心裡的小劇場又開始了。算算老爸買了這遊戲給我，我沒成本，還玩了一陣子。我還跟隔壁班的同學換了玩她的抓青蛙遊戲，雖然那遊戲很無聊，好歹產生了點價值，也帶給我不少快樂。再說那天在書店看到的另一個攻占城堡的遊戲也不錯，本來想買那個的。賣了這個，還可以去買那個，然後再跟同學換那個打太空船的遊戲，那可是當時遊戲界的天王巨星呀。這全盤計畫可想得真美。

於是我勇敢地作出人生中第一個大決定。「好呀，賣給你！」

我開心得仿佛賺到人生的第一桶金，對著這位客人一直鞠躬表示感謝。第一天開張，成績不錯，可以早早收工，雖然心裡有點捨不得那個小猴子的任天堂電動玩具。

爸爸下班回到奶奶家，看起來心情不錯的他暫時還不知道我把他買的玩具賣掉了。兜兜轉轉，莫名其妙他成了無償投資人。於是，我趕快跑過去在他身邊晃悠，想要金主老爸再給我買新的遊戲機，可以進點新貨，下次再等這位貴客上門。

對爸爸來說，小姑可是個孩子王，總有些讓他擔心的新想法，像是帶小孩半夜出去走走，喝杯咖啡，打個枕頭仗，說說鬼故事。好幾次爸爸阻止不了，只能讓奶奶去跟小姑說。但是我們三人還是枕頭仗照打，鬼故事照說，還成了聯合陣線，一致對抗爸爸的管教。「非法」擺攤賣玩具的事還是被爸爸知道了始末，他並沒有反對，就是特別關心貨的來源和賣的產品。

他問我和姐姐：「你們是不是把很多我買給你們的玩具都拿出來賣了？那以後我也不給你們買啦，這樣我直接給小姑買玩具好了。」

我的小腦袋又開始加速運轉，連忙說道：「小姑不玩玩具，她喜歡書。」

爸爸回答：「那你們就賣書給她吧，玩具她不會玩的。」

我心想也好，玩具確實有點捨不得賣，書看完了也可以賣給小姑再看。這下子這門小生意形成了產業線，貨源也從爸爸那兒轉到小姑那兒了，就把她買給我們的書看完再賣回給她。在房間忙著看書的小姑，還不知道這份帳單已經轉到她頭上了。

第二天放學後，回到奶奶家，奶奶幫我們買了黃色的海報紙。我和姐姐隨便吃了幾口每天都愛吃的餅乾，就迫不及待拿著簽字筆劃起廣告海報。

「雙胞胎書店！好看的書！」黑色粗體字大大地占滿整張黃色的紙，我們請奶奶幫忙貼到客廳的牆上，小書攤就這樣愉快地開張了。成堆的故事書、漫畫書、讀者文摘等整齊地擺了一地，兩個小孩拿了兩個椅墊坐在地上，笑笑等著客人上門，彷彿聞到金錢的味道，還夾著奶奶燒的紅燒魚頭味。

「阿娘，小姑呢？」我沒見到這位貴客有點急了，就轉頭問奶奶。

「她還在房間，不知道起來沒？你們去看看。」兩個急著開張的小老闆馬上飛快跑到小姑的房門口。

「小姑，你在幹嗎？我們在賣書，你要不要買？」

孩子就是直接，還推銷上門了。小姑其實早就聽到這兩個自以為聰明的小孩在外面忙什麼，就等我們開張。她出了房門，不顧奶奶叫她先吃點東西，就來光顧我們的街邊小店。

「這麼多書呀？很不錯呀，有沒有三毛的書呀？」小姑還是貼心地鼓勵孩子多動腦筋。

「三毛的書，哈哈，有呀，你要買幾本？」姐姐回答。

小姑也配合演出。「我要十本，有沒有簽名？」

「有呀，有呀！」

從來只有別人跟小姑要簽名，記憶中再也沒聽過她跟誰要簽名，而且還是簽在自己的書上。爸爸說過做生意要靈活，不能死腦筋。我和姐姐跑到小姑的書房，搬了椅子，一個扶著，一個站上去拿幾本小姑的書和一整套的《娃娃看天下》。我們開開心心地在小姑書房裡來去自如，把所有三毛的著作搬到書攤裡，打算全部賣了，一本不留。

「這是三毛的書吧！有沒有簽名呀？一本多少錢？」小姑忍著笑問起。

「我來簽，我來簽，你跟小姑拿錢，一本十塊錢，簽名要加兩塊。」我一邊忙著一邊跟姐姐說，一副小老闆的樣子。我拿起一支鉛筆，在書封的背面簽了兩個大大的字——三毛，很用力，很認真。

小姑說：「這不是小姑的簽名呀？」

我說：「不是小姑，是三毛！」

小姑就是三毛，三毛是小姑。在我們心裡，她就是最支持我們的靠山和玩伴，總是願意和我們在童真的世界裡嬉鬧玩樂。想像永遠無邊界，當時我也以為童年就是永遠，永遠能有她的陪伴。

這堂無價的行銷課，意外地受用一生。後來我們的故事書沒賣出一本，倒是小姑書架上的書搬進又搬出，一轉手我們多賺了錢，她賺了歡笑，而出了這點子的爸爸也沒損失。本來想要爸爸買的新掌上遊戲機也沒買成，精明的老爸買了一臺超大的小精靈遊戲機靠在牆邊放著，就是那種要站著玩的大機器，很重、很大。他知道也只有這大小，才能防止再被女兒賣掉套現吧！至於那臺賣給小姑的小猴子遊戲機，則一直躺在她的抽屜裡，沒見她玩過，直到她走。

三毛、作者父母及作者的大舅舅魏曉峯先生

夏日的微風吹著一束一束的陽光，把孩子的臉吹成了淡紅的，吹到黃昏，就變成一張淡棕色的臉了。

……

後來，我長大了，第一次約會，朋友問我要去哪裡，我說：「去淡水河，關渡。」

以後的很多年，只要回國，必去一趟淡水。那條河，不再是童年時的樣子，岸邊全是垃圾，河道也小了。

——《你是我不及的夢．呼喚童年——記憶裡的關渡》節選

完人教育

小姑曾說她喜歡所有的花，五顏六色，有淡雅，有豔麗，有的則長得比較踏實。而三毛她不愛局限的花圃，而愛生命隨著季節生長，燦爛和必然的凋謝。如果硬要選，小姑說過她喜歡白色的花，其中最愛野姜花以及百合花，百合還要是長梗的。百合帶著高雅，淡淡不露痕跡的美麗透露著堅韌的生命力。

國小畢業，我也進了一所以百合花為象徵的學校——聖心女中。這是一所天主教的教會學校，一所國中和高中一貫制的六年制中學，還有個小學部，一九六〇年代甚至還有女子大學部。這是一所不以升學為唯一使命，而是以完人教育為主要追求的學校。在當時以考高中、考大學為主流思想的教育界，這所學校的存在確實是很勇敢，也很另類。學校離我們住的地方很遠，當時我們家住臺北市，這學校在當時的臺北縣，現在稱新北市。學校位於淡水對面的八里鄉，在一座山坡上，遠眺觀音山，近鄰淡水河，風景好到理所當然可以有一堆只想欣賞美景，不想好好念書的藉口。

山長水遠，我爸媽怎會知道這個學校的存在？還都得歸功於我親愛的小姑。當時小姑有很多的演講邀請，各大院校、組織都來邀約。她特別喜歡和年輕學子聊天，分享人生，小學時我的同學來家裡，都和小姑成為了好朋友，有時候我都不確定這些同學是來找我和姐姐玩，還是來找新朋友小姑的。小姑總會和他們說很多故事，有時也會扯扯我在家裡的糗事。

「你們知道嗎？天慈總愛賴床，每次奶奶午飯都做好了還在床上拉著心愛的小被子不肯起床，耍賴。起床後還要說姐姐天恩比她動作慢，跟她搶廁所。」

那時正值有點形象包袱的年紀，還真是又愛又怕小姑的真性情坦白，我可是會被同學笑一整個學期的呀！

有一次小姑受聖心女中的校長孫姆姆邀請，坐了一小時的車，來到這個世外桃源般的學校演講。本來從沙漠中回到臺北還不太適應，又厭倦城市煩擾喧囂的小姑，對這個被大自然緊緊環抱的「野生」學校一見傾心，環境中輕鬆的氛圍像極了小姑在家裡著名的教育理念「學渣有獎」。學習成績不重要，有趣的童年和成長經驗才是她希望我們從小享受和追求的。

三毛和聖心女中校長孫姆姆

停車場在山坡下一進校園大門的地方，旁邊的管理員伯伯負責給訪客登記和開門。接小姑的車並沒有停在校車停車場，而是直接開到山坡上的前院門口，通常校長和教務主任等人在前院門口迎接，開滿各色花朵的前花園也是學生們放學集合，等待教官一聲令下往山下停車場走的地方。

學校前門是紅色為主題的中國風建築，紅色屋簷和紅色柱子，一踏進門還是有種學校該有的肅穆和提醒學生該收收心了的巧妙作用。小姑一向對文化很尊重，對藝術很欣賞。面對這座古典和現代結合的校園，我的心裡多了幾分好奇。走過兩邊蟬聲陣陣的大學之道，這是日本建築大師丹下健三的作品，也是學校的修道院。大師作品就是讓人讚歎，半圓柱型一路向上像極了船上的眺望臺。偉大的建築之美也為渺小的我後來選擇這所學校盡了一分力。小姑一方面喜愛這所學校外在的硬體設計，但真正決定我後來六年落腳這所學校的幕後功臣還是她最在意的人文關懷。

演講後，校長孫姆姆帶小姑參觀學校。來到一個影音室，一個班級的學生在看英文電影，門窗關著。孫姆姆一邊和小姑說著學校的課程，一邊隨手拉開緊閉的窗簾。還沒回過神，黑壓壓的室內一群女學生的聲音已飛快地傳出視窗。

「是誰呀？孫姆姆！我們在看電影，趕快把窗簾拉上，太亮了看不清。」

孫姆姆說了一句：「對不起，你們繼續看吧！」

就這一句話，深深感動了小姑。一個學校校長沒有半點猶豫地對學生道歉，只因為不小心掀了窗簾，妨礙到學生看場電影。旁邊的主任和老師都只是搖搖頭笑笑，滿臉的寬容，這個教育方式和胸襟在當時的臺灣著實難得。小姑於是「芳心暗許」，把我們姐妹倆也給「許」了。小姑一回到家，迫不及待地和爺爺奶奶說起聖心女中的事。

「那是山腰上的家，讓天恩天慈去那裡上學，看看電影，賞賞花，聽聽蟬叫，走走大學之道練練體力，她們穿的制服也很好看。我也可以常去那裡接近大自然，那邊的修女人很好，很親切，不嚇人。」淨說了些和念書、考高中、考大學沒什麼關係的事。

我有點害怕地說：「在山上？會不會有野獸呀？」

請原諒一個連公車都沒有坐過的城市小孩，有時候有點無知。

小姑說：「野獸我沒看到，淡水河倒是有幾隻白鷺鷥。」

這回答還是沒消除我的疑慮。

我姐姐也問：「是不是要坐很久的校車？我會暈車。」小小年紀也開始擔心現實問題。

爺爺奶奶和爸爸媽媽開始商量這件大事。爺爺一聽到可以山上山下散步，甚至跑步，一心想著家裡出個運動員的心願有望達成。奶奶和媽媽也希望我和姐姐去調教一下禮數和心境，這學費的事就交給老爸了。一家人興奮地商量著這個「山上的新家」。就這樣，因為小姑的一場演講、一個新發現、一群活潑的學姐和一位善良的校長，我和姐姐之後六年的青春就這樣拍板定案，有幸在這個充滿愛的環境下成長和學習。

到聖心女中報到這天是個晴朗的日子，爸爸開了快一個小時的車來到這山腰上的新家，因為找不到路，比預計的晚了一點到。報到的小禮堂人很多，還有好幾位修女，看起來非常和藹可親，應該不會體罰吧！後來也知道這是一個沒有體罰、沒有教鞭的學校，只能說道理，動口不動手。好多家長和新生們在填著一張張的表格，同學們好陌生，希望以後能找到好朋友。我和姐姐被分配到同一班，像小學六年一樣，老師同學都很頭痛，分不清。後來有個歷史老師每次看到我總會問：「天恩還是天慈？」什麼時候我的名字變成天恩天慈四個字了？但每次還得心平氣和地回答老師千篇一律的問題，直到後來髮禁開放，我倆的髮型刻意不同，才有了自己的名字。

因為小姑欽點學校的這層緣分，小姑對我們的學校生活總是非常感興趣，常常要我給她報告，只要不是課業上的事，無論大小，她都聽得津津有味。什麼上課、考試她沒興趣知

三毛在聖女中心的園遊會

道，數學作業也幫不上忙，倒是對學校的文化活動特別感興趣。第一次園遊會，人生第一次大大方方在校園裡閒晃吃吃喝喝，好不開心。國一的我只能參與，並不能擔當太大的角色。高中部的學姐看起來好成熟，總是把校服穿得特別時尚，短袖襯衫也要把袖口折起一層，藍色百褶裙在腰際也折上幾層，看起來短一點，不至於在膝蓋邊不上不下，黑色的皮鞋總是乾淨光亮，配上特短的白襪子。園遊會中，這些成熟的學姐負責最受歡迎的賓果遊戲。我在看不懂的英文電視節目上看過賓果遊戲，還以為是幾個老太太打發時間的遊戲。因為座位有限，我反而很想參與，畢竟進場票都得事先預購，還得請學姐吃上幾瓶罐頭八寶粥，才能多買幾張票。這種飢餓行銷在校園中可是早已發揮作用。

爸媽給的零花錢不能亂花，得先問問協力廠商意見，主張讀萬卷書不如行萬里路的小姑就是最好的顧問。

「小姑，賓果怎麼玩？」小姑眼睛一亮，心想這孩子又來新玩意兒了。

「賓果就是一種數位遊戲。」小姑回答。

「數學不好也能玩嗎？」

我心想好不容易參加園遊會，不用上課，我的腦袋可不想放進任何數學公式。但轉念一想，小姑數學也不算好，甚至可能比我還差，她都能玩，我也可以。

於是小姑拿了幾張紙，畫了二十五個格子，寫上隨機的數字，又畫了一張一樣的格子，寫上和第一張不同的隨機數字，讓我和姐姐拿好鉛筆和一張紙坐好。我握緊鉛筆，駝著背坐在小小的板凳上，有一種初嘗賭博的興奮，雖然賓果遊戲和賭博扯不上關係。

小姑說：「現在我翻書看頁數，念到的數字，你們的紙上如果有就用鉛筆圈起來。」

姐姐說：「小姑，不能拿你自己寫的書翻，你都會背了，會作弊，拿我的《茶花女》故事書翻。」

小姑無奈地放下《夢裡花落知多少》，拿起一本注音版的《茶花女》。就這樣，三人開始玩了起來。姐姐快要贏了，一直催著快點快點，倒楣的我連一條都還沒有連成線。最後一個數字出來，姐姐開心地從小板凳上跳起來，嚇了我一大跳，好生羨慕。姐姐還是贏了，開心地得到一本故事書，就是小姑新買的《巴黎聖母院》。我還是喜歡我的《湯姆索亞歷險記》，這口氣有點酸！

貼心的小姑跟我說：「沒關係，你可以讓姐姐看完講給你聽。」

我想想也不錯，就開心地笑了。

學校園遊會中，我還是沒在賓果遊戲贏得什麼獎品，卻把自己餵得飽飽地回家，滷味、蘇打汽水、綠豆湯塞了一肚子。

一進家門，小姑說：「天恩天慈，我下個月去你們學校。」

「去見我們老師嗎？」小心臟不是很受得了家長被請來學校見老師。

「是去演講。」小姑蠻不在意地回答，好像把我們學校當她常常出入的地方。

「你要去講什麼？」姐姐問道。

小姑沒有正面回答。「你們想要我說什麼呀？有什麼不敢跟老師說的要我轉達？小姑不怕你們老師哦！」

那天晚上的禱告時間，我祈求上帝不要

三毛在聖心女中和同學們聊天

讓小姑一時興起，講出我喜歡賴床的糗事。講姐姐的事可以，還是不要好了，我們是雙胞胎，怕同學搞錯，阿門！

學校有個大講堂恩德堂，是舉行所有典禮和演講的場地。這世上有些人真就是有種奇怪有趣的吸引力，那次小姑的演講卻不是在這個有冷氣吹，坐得舒舒服服的室內講堂。

當天，所有學生、姆姆、老師、沒笑容的教官和可怕的教務主任都到籃球場集合，一人帶一把教室裡的椅子，整齊排在偌大的球場，還好沒下雨。那位和小姑是舊識的孫姆姆首先上臺，在升旗臺上介紹著小姑。

「今天我們很高興請到我的一位老朋友，但是她不老哦！她很年輕漂亮，相信你們都等很久了，她就是三毛，大家鼓掌歡迎。」

跟著小姑帶著笑容上臺，臺下一片如雷的掌聲還有一雙雙期待的眼睛。

這並不是我第一次聽小姑演講，但每次都讓我想到第一次。以前在國父紀念館也有聽過，當時年紀小，坐在前排中間。聽到一半，心血來潮地把手在空中甩，跟小姑打個招呼。還好小姑專業的演講沒被我這舉動打斷，還是流暢進行著，我卻被父親狠狠訓了一頓，當時我的小學老師也去聽演講了，不知道他們有沒有看到我冒險打的招呼。這次已是高中生的我，可就乖多了，再也沒有給小姑丟臉。

「各位同學好！今天好特別，我在你們的籃球場來和大家聊聊天。」

我用斜眼看到隔壁班那個嚴肅的國文老師嘴巴已經咧到後腦勺。

「昨天孫姆姆跟我說，演講廳恩德堂失火了，我們得換個場地。我趕緊說沒關係，室外場地也好，可以一起來聽鳥和知了的聲音。」

小姑總是很寵愛我們，也總是能在逆境中挑出樂趣，讓身邊的人都放心，她貼心而善良。雖然我們家人知道她的背痛，不允許她長期久站和久坐，但演講還是超時了很久。

會後，我和姐姐在校園前門等小姑一起回家。短短的一段路，見到好多同學不斷跟小姑索取簽名和握手，還不停地說很喜歡這場演講。我很開心，也很感謝小姑的義氣相挺，還有感謝上帝聽到我的祈禱，我的糗事沒有被提及。

小姑用她喜歡也擅長的講故事方式向同學們傳達珍惜年少的時光，多多開放心學習，幫助人，傳達善心。正如我們學校有個百合花遊行，也是傳達與人為善的宗旨。

一朵朵用白紙折成的百合花，不管你是手巧還是手拙如我都要親手做，然後寫上對家人、同學的祝福和心願，全校同學在一首《傳給人》的聖歌中繞校一周，再獻上花，統一燒毀。折了幾年的百合花，我還是學不會，折的花永遠是營養不良、奇形怪狀。

一次小姑看到我帶回來長得怪怪的百合花，說了荷西姑丈送他百合花的故事。當年荷西姑丈下班回家，買了小姑最愛的百合花，滿心歡喜、蹦蹦跳跳地回家。沒想到小姑一看到，直覺反應說買花的錢應該省下來作為家用。她雖然是個浪漫的人，卻被異鄉生活暫時封住了感性。那麼艱苦的環境下，小姑和荷西姑丈憑著愛和智慧好好相處，克服生活的障礙，所以百合花對小姑的意義遠超過一切。因為小姑要求，我又用畫圖紙折了一朵仍然歪七扭八的百合花。雖然這朵花缺乏顏值，我還是很有信心地送給小姑，讓她寫上心願，我明天到學校一起給修女們，獻上祝福再燒掉，希望她的心願能實現。

畢業後，完人教育出來的我們，並沒有如預期中長成完人，優點和缺點都沒少，反倒是在不知不覺中，一天天向現實妥協。

一次有記者打電話來找小姑。那個年代全家只有一臺掛在牆上的電話，每個打電

三毛、作者和三毛父母在聖心女中

話的人都沒有多少隱私可言。

「請問三毛姐在嗎？我這裡是出版社，我姓王。」

我轉頭看旁邊因為肩膀痛，正拿著石頭猛力敲自己的小姑。

小姑急著揮揮手，小聲地用氣音說：「跟他說我不在。」我立刻心領神會，自信地轉過頭對著電話那頭大喊：「小姑說她不在。」

對方安靜了三秒，禮貌地道謝掛上電話。我得意地完成了任務。小姑一句話也沒說就回房了，應該是去寫稿了吧。文人的妥協也充滿文藝氣息，後來也經歷了趕稿日子的我才能夠深深體會。

國中畢業典禮在小姑的祝福聲中落幕。三年前小姑欽點的學校，三年來，她也親自陪著我們走過，這是我收到最好的畢業禮物。從小學放學時在校門口數著樹葉，到國中一遍又一遍山長水遠探訪山上的家，小姑一直陪著我們。可惜的是高中畢業典禮小姑卻缺席了，就在畢業的前三個月，高考前。

雖然如此，在她最後的日子裡，還是給了我最開心的少女時代。人生不長也不短，有機運就順著趨勢走，沒運氣還是堅持努力。我們只能學習帶著百合花的純潔，在險惡的江湖中幽雅地笑傲，不追求虛渺的完美，但求在不完美中展現美麗與剛毅。

很想知道當時小姑在那朵紙做的百合花上寫的是什麼心願？後來是否有實現？

並沒有因此不快，偏偏靈感突然而來，翻出盒子裡的瓷人——那個小丑，拿出鳥籠，打開門，把這個「我」硬給塞進籠子裡去。姿勢是掙扎的，一半在籠內，一半在籠外。關進了小丑，心裡說不出有多麼暢快——叫它替我去受罪。

……

以後許多人問過我這小丑的事情，我對他們說：「難道——你，你的一生，就不是生活在籠子裡嗎？偶爾半個身子爬了出來，還算幸運的呢。」

——《我的寶貝・籠子裡的小丑》節選

天臺的月光

臺北的南京東路是個交通方便的地方，避開了繁華的逛街地段，也不屬於吵鬧的娛樂區，鄰近後來開「回聲」演唱會的臺北小巨蛋體育館，以前的臺北棒球場。小時候爺爺特別喜歡運動，每天吃完飯總喜歡出去散散步，家附近燈火通明的棒球場就是他最常去的地方。

夏天的傍晚，其實溫度還是很高，我生來有點懶骨頭，藉口愛安靜喜歡宅在家，其實是懶慣了。我頂著裝滿奶奶做的豆沙八寶飯和腐皮包黃魚的小肚子，慢吞吞地提起腳，一步步往前邁出，老大不情願的，還有那碗蘿蔔湯也在胃裡波濤洶湧，發出有點尷尬的響聲。當時真不懂為什麼大人總喜歡飯後散步，期望可以活到九十九，飯後就應該靜靜地看會兒電視，才能好好活到一百歲。

有一陣子有部電影《外星人E．T》，裡面的小男孩們騎著很酷的捷安特腳踏車，黑色輪子又粗又寬，坐墊都是鮮豔的黃色或白色，他們載著醜得可愛的外星人E．T躲避員警的追趕，然後E．T突然手指一指，一飛沖天。他張著大嘴，頭髮在空中飛揚，好不帥氣。那部電影紅遍全球，捷安特腳踏車當然也跟著流行起來。我很想有一部，白色的金屬杆加上黑色座椅，還要有個火焰般的紅邊，很像坐上就立即會有超能力，不用再辛苦地走路。當時的我還不會騎沒有輔助輪的腳踏車，雖然很心動想立刻就擁有，但也只能勉強接受老爸說要先學會騎才能買的條件，但是沒車怎麼學呀？

三毛和父母

小姑在旁聽到這段雞生蛋、蛋生雞的對話，笑著說：「沒關係，車子的事我來想辦法。」

之後的幾天我都好期待，偷偷觀察小姑有沒有動靜，有沒有偷偷去腳踏車店。過幾天。小姑果然帶回一臺紅色的腳踏車，不是捷安特，是傳統的細車輪，鐵杆和座椅都是無聊的全黑色，車身也不高，正常身高的小學生雙腳還可以落地。

「小姑，這是你買的？」我怯生生地問，生怕小姑會錯意，買了我不喜歡的車型，那個年代可沒有七天驗貨期，不滿意退款呀！

「你先用這臺練習，我和別人借的，誰知道你會不會三分鐘熱度。」

「不會的，我不會只熱三分鐘。」

其實心裡還是挺高興的，至少我也是有車階級了。之後每天飯後的散步時間，我就推著車驕傲地上路。我只能推著去棒球場，暫時還不能平衡超過三秒鐘，離小姑說的三分鐘確實有點距離。擔心的老爸和看熱鬧的小姑組成了學車後勤小隊，一人一邊，一個不停說著「小心點，不要急」，另一個興奮地說「騎快點，騎快就上手了」。我到底要聽誰的？搞得我一會兒快一會兒慢，一會兒左右看，然後「啪」一聲，屁股應聲狠狠跌在水泥地上。捷安特腳踏車後來還是沒買成。電影下檔，我也喜新厭舊地失去了興趣，自由自在迎風飛揚的美夢也離我遠去，我反倒還是喜歡黏著小姑，宅在一起看書的快樂時光。

我們常常去東方出版社，一箱箱書搬回到小姑的白色小車上，再一箱箱搬到小姑的小木屋——那個不算祕密的祕密基地。小木屋在育達商職對面的巷子裡，在一個公寓的四樓，還有一個頂樓小花園，離爺爺奶奶家走路就能到。我來過幾次，最喜歡待在一個堆滿書的小客廳。我早已不怕立燈上掛著的那個穿著黑白色絲綢衣，留著一滴黑淚，坐在鳥籠裡的小丑。鳥籠的門是開著，以前聽小姑說過這從不關的門是代表自由之門，要走隨時能走，留下你就是我的了。好難的抉擇，難怪小丑一直沒有笑容。

這裡還有個很大的木製書架，其實小姑的每個住所都少不了很大的書架。滿滿的書，有的成套像一家人，同一個色調，同樣大小，有的單身一本，落了單，只能和旁邊同是單身的書相互依偎著。書架上還有一組紅色的套娃，被一個個分開了排排站，又是一家大小全齊了。全家人小小的紅嘴咧開一樣的角度地微笑著，短短齊劉海的俄羅斯姑娘看起來很和諧。我和姐姐第一次見到套娃時，還真被小姑捉弄了一番。小姑先說了一個上帝創造娃娃的故事：送子鳥負責快遞嬰兒到世上，一個個套娃大的生小的，都是從肚裡拿出來，還祖宗八代都長得一模一樣，我還以為全天下都和我們一樣是雙胞胎呢。之後，這套娃就變成我們每次去小木屋必要把玩的玩具，玩完後誰也沒耐性一個個放回肚裡，就讓他們一直排排站著。

「小姑，你的書架放不下了，可不可以把書放在這個缸上面？」

我和姐姐爬了四層樓已經氣喘吁吁，其實也不過搬了五本大概一百頁左右的故事書，就恨不得立刻把它們放進書架旁的一堆缸裡。這些不起眼的瓦缸，從我們有記憶以來就一直在小姑身邊出現，讓我一度以為是所有有故事的大人都該有的基本配備，裡面裝了很多寶物，有點神祕感。有時候和小姑去家附近的茶館「茅廬」，也是這種裝飾。門口有好多小姑當寶貝，但是放在門口也沒人偷的古傢俱、破瓦罐、陶甕、大水缸、花盆，房裡牆上排滿了各式各樣的茶具、茶罐，地板也是瓦片。冬天去本應覺得有點冷，可每次小姑的朋友都非常熱情地招呼我們，讓小小的地方多了很多溫暖。

「不行，那些缸都是小姑好不容易從各地收集搬回來的，放上面會破的。」

才不等小姑說完話，我已經把書放在了缸的旁邊，人坐下來就開始對這些大大小小的瓦缸、土窯、陶器等瓶瓶罐罐產生了興趣。一個深褐色的瓦罐，大小大概比籃球大一點，上頭蓋了個淺褐色的厚木頭板，我以為裡面儲了水，心想小姑是不是害怕突然停水。

「你掀開蓋子看看呀！」

小姑一邊整理書，看也不看就知道我想掀開蓋子偷看，這點小心思怎麼逃得過她的法眼。既然得到允許，就正大光明地掀開看看。

「怎麼是空的？」小手怯生生地伸進去掏了一掏，害怕有些不明生物來咬我的手。「沒有東西呀！」我晃了一圈很快把手伸回來。

「你們倆一人認領一個缸，以後就放你們自己的東西，別人不能看，放什麼都行。」小姑說。

原來那瓦缸是空的。

「我就要這個吧！反正我已經掀了它的頭蓋子，總得對它負責。」

我趕緊先占先得，放了一本

三毛的收藏品—鳥籠裡的小丑

小本的《小王子》進去，那是上次一起去書店買的，每次來小姑的木屋都會翻翻。

小姑也選了一個從苗栗帶回來的大一點的，好像是個泥巴做的，像沒燒好，跟著放了一堆用橡皮筋綁好的信件進去。

「那些是誰的信？情書嗎？好多封呀！」姐姐帶著邪惡的眼神大聲說。

「那些是讀者寫給小姑的信，晚上我們一起來看，你們也可以回幾封。」小姑馬上分配了今晚的任務。

我和姐姐躺在充滿南美風情的紅紅綠綠的地毯上，我繼續看著《小王子》，拿了一張稿紙畫起書裡那只被小王子馴養的狐狸。有點餓了，我小聲問今天晚上吃什麼。精神食糧和肉身補給同樣重要。

小姑不是個媽媽型的女人，她常常和我們玩得開心，忘了吃飯睡覺、天冷加衣的瑣事，我和姐姐也習慣了要自立自強，定時提醒，以免餓著自己，回去還被媽媽念。

「阿娘會拿牛肉麵來。」小姑毫不擔心地回答。有奶奶就不用怕餓肚子。

吃完晚飯，小姑家沒有電視可看，因為她嫌吵。吃飯的桌子是一個棱棱角角，沒有完美形狀的木頭桌子。桌面是幾條厚木板，上面有好多大小不等的坑洞，我常常會以為是我或姐姐在上面寫字時不小心弄壞的，心虛的洞。凳子就是兩條長木頭加了幾隻腳撐著，沒有靠背，聊天到開心時常常一不小心會摔倒。真是讓人提心吊膽的桌椅，小姑卻把它們視為珍寶，花了很多時間坐在這裡創作。

「我們來看小姑的情書。」我迫不及待地要求。

一旦別人的東西被放入瓦缸裡，蓋上蓋子，就瞬間塗上了神祕的色彩，特別勾動我的好奇心，總想拿出來看看。

「好，去拿過來給小姑。」

小姑吩咐我去拿，姐姐也跟來了，大概怕我偷看她的那個瓦缸。一封封親手寫的信在木桌上攤開。要寫給偶像和喜愛的作家，一字一句可都是仔細斟酌，從選紙到用筆，小心謹慎。三個人屏著呼吸，帶著尊重一封封小心地拆開。

「誰要來讀？」小姑問。

「短一點的我來讀。」狡猾的小孩。

還是小姑自己讀出了第一封讀者的來信。她看文字的速度飛快，但是嘴裡讀得慢，有時嘴裡來不及讀，眼神已掃到句尾。我總是喜歡看她的側臉，長長的睫毛。我不記得具體內容了，只記得是個高中生猜來猜去的小小曖昧心事。雖然如此，小姑卻像處理國家大事一般的認真對待。

「天恩，你說說怎麼辦？」

「那男同學一定不喜歡這女生，因為他下課沒有等他。」

我姐姐咬著食指，慢慢地說，一副愛情偵探的姿態。

「也許他急著上廁所，或者肚子餓了。」我說。一般姐姐的意見總是會遭到我的故意反對。

「喜歡一個人是件開心的事，被人喜歡也是種幸運，都值得感謝。就像《小王子》裡的玫瑰，小王子花了很多時間在她身上，怕她冷了、淋到雨。久而久之，就越來越喜歡，也不知道是喜歡那個付出很多時間的自己，還是喜歡那朵被付出的玫瑰，亦或只是喜歡那個以為自己很偉大的過程。」小姑開始長長的解說，「後來世故的狐狸出現，單純的小王子還是一樣過著周遊星球的生活。看起來像是狐狸的暗戀，其實小王子也漸漸接受狐狸有點特殊方式的關心和對他註定離開的理解。沒有原因，沒有答案。」小姑一下說了一長串，她總是沒把我們當小孩。

「小王子喜歡玫瑰嗎？我還以為他只是喜歡種花，或者只是不想浪費陽光。他後來不是離開玫瑰到處出去玩了嗎？這哪是喜歡，喜歡一個人就想陪在他身邊。」

我滿臉問號，當時怎麼會明白愛情到底是守著陽光守著你，還是走遍世界才發現你最好的恍然大悟。

「要不然就跟她回信說，你去問問看那男生，他如果不喜歡你，就不再見他了。」

我又提了個自以為有用的解決方案，希望得到贊同，其實是想早早結束這猜來猜去也沒個正確答案的討論。

小姑笑一笑說：「說清楚了就不好玩了，就是要互相猜一猜。」

這麼花時間又沒結果的遊戲，看來還是圈地買地的大富翁好玩一點。

小木屋的天臺有個小花園，小姑喜歡種花，像小王子一樣，卻種不出玫瑰花。旁邊還有一個木頭的公園椅，夏天我和姐姐很喜歡坐在那裡吃冰棒看星星。

「我們上天臺去吧！」我提議。

三個人跑上樓梯。樓上比較涼，微風吹過夾著淡淡的花香。

「鬼故事時間！」

小姑每次在奶奶家跟我們說鬼故事沒一次說完，爸爸總是會在我們認真被嚇到前打斷她。這天只有我們三人，應該可以聽到完整的鬼故事。

「有個紅衣小女孩，總是喜歡在晚上一個人去森林裡散步，還愛邊走邊唱歌。森林裡伸手不見五指，突然……」

小姑突然停下來，睜大眼睛往我和姐姐背後的花圃望去。我和姐姐立刻回頭，還抓著小姑的手。

「沒有人呀？」我說。

「在這裡！」小姑又突然把手捂住臉，很快又打開，大叫一聲，「哇！」我們呆住，沒有任何反應，然後小姑哈哈笑了起來。她還是不忍心嚇我們，不忍心讓孩子晚上做噩夢。

每次小姑的鬼故事時間都沒人記得開頭和結尾，只記得也沒多可怕，通常都是這樣好笑收場。那晚不算晴朗的天空記錄了我們三人放肆的笑聲，還有小姑努力裝著可怕要嚇我們，卻一點也不可怕的暖暖的聲音。長大後看到一句話，最好的禮物是陪伴。平凡的夜晚，小小的公寓裡是一顆受傷的心和兩個在地板上打地鋪，帶著笑，睡著還輪流打呼的孩子。

當晚做了個夢，不是噩夢。夢裡小王子和鳥籠裡的小丑遇見，就在一個長滿玫瑰的花園。一個厭倦了飛行遊蕩，想立刻回家。另一個站在門口，望著籠外。

「喂！你飛那麼高，累不累？上面好玩嗎？」小丑高聲問小王子。

「你是誰？從哪個星球來的？」小王子認識狐狸後就變得疑神疑鬼。

「我是從地球來的，一個充滿矛盾和希望的地方。」小丑說話時臉上還是沒表情，眼角的黑眼淚也沒被抹去。

小王子來到鳥籠邊，拉起小丑的手。「走吧，我帶你去看我的玫瑰，她是我養的，你有養花嗎？」小王子對第一次見面的朋友還是會天真地關心。

「我單身，不養花，但好像是被人養著。」小丑輕輕地回答。

小丑的身體被小王子拉出了一半，懸在鳥籠外，他的右腳卻勾在籠子邊上。敞開的門，想走還是留，都是自由，卻不知道去哪兒。限制我們的是牢籠規範，還是那顆不夠勇敢的心？讓我們想返航的是某個人、某個地方、某道家鄉菜，還是只是那雙疲累的翅膀？小王子和小丑這矛盾的兩兄弟，在我夢裡還是沒有達成共識。

「星星真美，因為有一朵看不見的花。」

每回讀到《小王子》中的這句就想到那晚三人的笑聲，一顆顆隱約閃爍著的看不清的星星，默默守護的月光，還有很多童年時找不到答案的疑問。

參

跟著小姑去流浪

我的父母用中國的禮教來教育我，我完全遵從了，實現了；而且他們說，吃虧就是占便宜。如今我眞是貨眞價實成了一個便宜的人了。

……

我不再去想父母叮嚀我的話，但願在不是自己的國度裡，化做一隻弄風白額大虎，變成跳澗金睛猛獸，在洋鬼子的不識相的西風裡，做一個眞正黃帝的子孫。

——《雨季不再來．西風不識相》節選

萬水千山沒走遍

在《撒哈拉的故事》中有一篇叫《沙漠中的飯店》的文章中，小姑寫道：當初決定下嫁給荷西時，我明白地告訴他，我們不但國籍不相同，個性也不相同，將來婚後可能會吵架甚至於打架。他回答我：「我知道你性情不好，心地卻是很好的，吵架打架都可能發生，不過我們還是要結婚。」於是我們認識七年之後終於結婚了。

小時候聽小姑偶爾說起她的這段愛情故事，年幼的我只覺得有趣，找個吵架打架的人作伴，這就是愛情呀！如今在海外重讀這篇文章，自己也經歷漸長，見多了跨國界的家庭關係，還有各種有別於傳統的相處模式，對這段文字別有不同體會。

加拿大溫哥華是個移民城市，各式人種都有，華人也不少，你可以在中國餐廳看到拿著筷子每週報到飲茶的洋人，也會看到冰球場上奮力比賽的華人小將，文化交錯共存著。

記得幾年前參加一個婚禮，新娘是華人，新郎是地道的加拿大白人。白天的儀式是在溫哥華著名的女皇公園裡的四季高級餐廳舉行的西式婚禮，吃著沙拉牛排配著花團錦簇的美景，還有新郎新娘的婆娑起舞，而飯後的我卻想來一杯珍珠奶茶當甜點。

我是女方生意上的朋友，和男方比較不熟悉，也沒機會多聊。倒是和女方家人聊了以後，才知道他們一大早已經在女方家裡進行了中國傳統的奉茶和告別父母的儀式。洋人新郎和華人新娘奉上茶，拜別父母，父母還發了象徵早生貴子的棗子和厚厚的紅包。旁邊的洋人朋友見到開始起鬨，好奇地紛紛依樣畫葫蘆，「砰」的一聲跪下奉茶，等著拿紅包。一旁的伴娘姐妹們笑歪了，長輩們也樂得一一發紅包給一群洋人朋友，真是一堂真真實實的文化交流課，不但免費還有零用錢收。

除了異國聯姻的普遍，不同文化的飲食習慣、消費習慣、工作態度等也都在無形中互相影響。當時小姑去的撒哈拉沙漠，人煙稀少，生活條件極差，人與人之間有資源的競爭也有互相幫助。小姑在沙漠裡打桶水，有來天臺偷羊偷水的鄰居，有幫助了獨自一人來到沙漠的沙哈拉威人的故事，也有碰到沙漠強盜的經歷，這些點滴讓《撒哈拉的故事》充滿了新奇和有趣。

我的溫哥華故事並沒有什麼生死攸關的事，也沒有誰來偷我家的水，至今我也沒有捨身救過街上的流浪狗，每天工作生活，去的最多的就是華人超市和咖啡廳。相對於小姑驚險萬分的沙漠，我的溫哥華只有平凡的現代都市人融入主流社會和保持中國思想的磨合和學習。這點在小姑的《雨季不再來》中有一篇《西風不識相》中倒是也提到了類似的經歷。

文章中敘說她在西班牙和美國留學時遇到的文化衝擊和心態改變。小姑在一九六七年到西班牙馬德里求學，當時她大概是二十四歲的年紀，碰巧一九九七年我來到溫哥華時也差不多這年紀。當時小姑念完文化大學的哲學系大三課程去了西班牙，我則是剛從東吳法學院畢業，一個感性，一個理性，一個來到熱情的南歐，一個來到平和的北美。六〇年代末的歐洲和九〇年代末的美洲對移民的接受度確實是完全不可同日而語。

小姑剛搬入西班牙學生宿舍中時，一直遵循爺爺奶奶的家教，秉持吃虧就是占便宜的做人原則，卻漸漸遭遇了很多讓她開始懷疑陳家中心思想的掙扎。

小姑是出於不好意思拒絕和作為宿舍新人的謙卑，最後卻換來室友的習以為常和理所當然的使喚，直到她崩潰反擊，還被當成是怪咖、麻煩人物。這是典型的客氣型中國文化和直截了當的西方文化最大的不同。

幾年前聽長輩提起小姑小時候的「豐功偉績」。有一次奶奶帶小姑去菜市場，五〇年代的臺灣各方條件資源也不豐富，人心雖然比現在樸實，但為了生活而用點「小技巧」也是常見。奶奶帶著小姑來到一個水果攤。

「你好，給我一斤橘子。」奶奶客氣地問水果攤老闆。

「好的，我給您裝。」老闆抓了幾個橘子放進一個紅白的塑膠袋裡，動作快得像變魔術。

「等等！」當時只有十歲的小姑從奶奶身後站出來大聲阻止老闆，「你不能把爛的橘子給我們，我看到了，別想欺負我媽媽。」小姑再提高音量叫道。

「我拿錯了啦！」老闆不好意思地重新裝了一袋比較好的橘子。

「妹妹，說話要有禮貌。」奶奶牽著小姑的手往回家的路走，還是不忘叮嚀小姑要對那個偷蒙拐騙的小販注意禮貌。

「他不能欺負你，我要保護你。」小姑拿起仗義的盾牌，保護一向替人著想，不在意吃虧的母親。

奶奶為小姑的仗義勇氣感到欣慰，也擔心這女兒的性情衝動，容易得罪人。互相保護的母女，方式不同卻心意相通。這樣敢言的孩子初次來到異國他鄉，可能是因為人生地不熟，還是選擇聽從父母「吃虧就是占便宜」的教誨，內心應該也是糾結的。這種從糾結到理解，從氣憤到釋然的過程，仍然在如今海外華僑的日常生活中上演。

記得剛開始進入社會工作時，有一次在和同事聊天。偶然在茶水間碰到一個平常和我不熟的洋人小哥，他突然問我那個我負責的專案需不需要他幫忙。就在那幾秒鐘我心裡有千百種的猜測和小心思：他這樣問是不是懷疑我的工作能力？他是不是嫌我做得太慢？他是不是想試探我的積極性？是誰讓他來問的？一堆的問號，最後我還是沒接受他的幫助，他聳聳肩，若無其事地轉身消失在走道，那個背影對當時作為一個新移民的我來說有很多陌生和不解。

後來幾年，我傻傻地反復經歷幾次同樣情況後，才發現洋人的生理結構和腦回路跟我們的都不太一樣。大部分洋人的腦袋和嘴之間是一段直通車的直線距離，而大部分華人腦袋和嘴之間有很多中轉站，結構複雜，轉呀轉，就是轉不出那真實的想法，最後只好客氣地微笑，收下一肚子委屈。禮貌謙虛和個人感受之間如何平衡？拒絕後會不會落個自私自利的壞名聲？害怕得罪人而討好，結果自己總是最後被討好的那個。我始終相信我們文化裡的美德，也很引以為豪，卻常迷失在中西模式的切換中，至今還不能運用自如。

「我以為你願意做這些文書處理的瑣事，不是嗎？」一個洋人銷售員在和另一個華裔銷售員說。

「我只是說上一次專案我願意承擔這工作，不代表我永遠要幫你做。」華裔銷售員義正嚴辭地回答。

我在旁邊笑笑，這位華裔銷售員應該是個老移民了吧，早就配備了一身的應變之道。

「好的，我知道了，沒關係。」西人銷售員也笑笑回答。中午在食堂裡，我看到他們倆一起開心地吃飯聊天，並沒有因此生氣，這就是中西文化彼此學習和調和，不卑不亢地就事論事。

二〇一五年，我去了趟英國倫敦，就是那個小姑因為簽證問題被拘留了十幾小時的地方。當時小姑抵達的是蓋特威克機場，卻得去一小時車程遠的希斯羅機場轉機前往馬德里，因此造成海關人員的懷疑而把她關在拘留所。小姑形容這次意外的旅程是

「豬吃老虎」的遊戲，豬莫名其妙被抓，老虎反倒要伺候豬的生活，提供住宿和交通費，小姑真是位樂觀淡定的旅客。

還好我沒買錯機票，我從溫哥華先飛到阿聯酋的阿布達比和我的好友Penny會合，再一起去倫敦。我們抵達的是希斯羅機場，也是成堆的旅客在等著過海關，和小姑書中描述的差不多。一九七九年秋天，小姑和爺爺奶奶又去了倫敦，卻在那裡接到荷西去逝的噩耗。這次是我第一次去倫敦，也抱著替小姑完成旅程的心願。

我們一行人剛入住，就碰到了文化差異的趣事。我們訂的是梅費爾區的一間四臥室公寓，很不錯的環境，附近還算方便。我們提早抵達，房東丹尼爾先生剛剛整理好房間。這是一棟百年老宅，布置得充滿濃濃的英倫風格。三層樓的公寓，木頭的地板，上下樓梯會「咯吱」作響，沒有電梯，我們得徒手搬六件行李箱上樓。

「你們好，請進，不用脫鞋了。不好意思，我不方便幫你們搬行李，因為我的保險正在審核，我怕受傷，你們慢慢來。」房東在我們一進門時就提醒我們他的不便。他是一位顏值很高的牛津大學人類學教授，穿著白襯衫、深藍色筆挺的西褲，深褐色頭髮梳得很整齊，留了一點胡茬，身材是每天上健身房的標準身型，像從GQ雜誌上下來的模特兒，還帶著沉穩的笑容。

我用中文和 Penny 說：「英國紳士都是這樣嗎？」

雖然我知道保險在西方社會中的重要，但把保險精神貫徹得那麼徹底也真少見，想想如果他受傷我們也會有麻煩，萬一發生像小姑一樣的倒楣事件那可不好，還是自己慢慢搬吧！還好我有買旅遊保險的好習慣。

因為是老式公寓，雖然很有特色，很多設備我們卻不習慣。

「這個浴缸很像老電影裡那種耶！」我查過每個浴室後說道，「但是怎麼沒有浴簾？這樣水不是會灑了滿地？」

我的浪漫一秒在現實面前低頭，經過剛剛搬行李的對話，我選擇吞下這點小事，就算跟屋主說了也不會有解決方案吧！

「我就住附近，有任何事可以隨時找我。」丹尼爾爽快地留下一句話。這時我馬上啟動西方說話模式。「任何事」、「隨時找他」，是不是小到電視遙控器不會用都可以半夜打電話給他？我心裡快速過濾他的意思。這時，中國模式切斷了西方模式，自動上線解讀了他的話：他只是客氣，不是真的說任何事和任何時間，我們自己得有正常人的正常判斷。西方人也是會客氣說說場面話的，中西禮貌還是有共通之處，只是程度不同吧！

接下來的幾天我們每天早出晚歸，出門前也都會把早餐用的鍋碗瓢盆洗好，洗澡用的毛巾放在洗衣籃，晚上回來也儘量放低聲量以免吵到鄰居。倒是有一晚警車在深夜呼嘯而過，我是被吵醒了，才發現老房子的窗戶從來關不緊，這就是洋人喜歡的古老氛圍。後來聽一個住在倫敦的老同學說，那個地段的百年老房可都價值連城呢！我還是喜歡年輕一點的房，平凡庸俗點比較適合我。

我們在倫敦的最後一晚，這位丹尼爾先生來和我們告別，當然也是順便視察一下我們是否讓他的房子保持乾淨，並交代垃圾要怎麼分類收拾好，他可是不會幫忙分類的。我們請他喝從臺灣帶來的高山茶，帶著和英國伯爵茶較勁的味道。

「你們好，謝謝，我來嚐嚐你們的茶。」他在一排五顏六色，沒一個重複的杯子隊伍中選了一個淺藍色的茶杯倒了一點，「嗯，還不錯，味道比較濃，我喜歡。」他喝了一小口說。

我回應他：「你喜歡，我們把這茶葉留給你吧！」他開心地道謝接受。

「你的保險通過了嗎？」我故意問起，想聽聽他怎麼回答或者有一絲的歉意。「通過了，在這裡沒保險真不行。」他說。

「那你明天早上可以幫忙我們搬行李啦？哈哈哈！」我半開玩笑半調侃地說，有時候我就是哪壺不開特別喜歡提哪壺。「好的，如果明天早上我在這裡的話。」這位英國紳士回答。「你們這幾天去哪玩啦？」他試圖轉換話題。

「我們去了金士頓皇宮、大英博物館、莎士比亞故居，還有石頭陣，走得腳快斷了，吃了炸魚和薯片，還買了很多蠟燭。」Penny 搶答。

「我們大英博物館有將近三百年歷史了，亞洲館有大概二萬多件來自你們中國的東西，青花瓷、玉、字畫等，我都很喜歡，我可以在那兒待上一整天。」丹尼爾很驕傲地說。

我很肯定在他話聲剛落時，我們幾個心裡想的都是大英帝國怎麼把這些珍寶給弄過去的。此時此刻，我們選擇尷尬又不失禮貌地微笑。

英國人和加拿大人其實差異並不大，除了穿著打扮比較講究還帶著英式英語的腔調。西方人習慣把醜話說前面，不針對人，做事也喜歡照程式來，不像我們中國人跳躍式思考，可以走捷徑就不想浪費時間。對西方人來說，跳過一個步驟就容易出錯，所以一步步看似不聰明地前進，其實減少了錯誤的機會。中西各有所長，我對自己有機會親身經歷中西文化，也感到幸運。

我的文化課中總有小姑的影子，想起小姑當年也是經歷一場又一場的文化衝擊，沒有前人的借鏡，只能自己肉身去體會、去受傷，以換取經驗。

隔天早上，我發了個信息給丹尼爾：「我們要離開了，謝謝你提供這麼舒適的住宿。垃圾已分類好，放在一樓門邊。你是否要來拿鑰匙？」

我們很快吃完早餐，希望這次不用自己搬行李。叫的計程車已在樓下等候，丹尼爾並沒有出現。

「請把鑰匙放在廚房的櫥櫃上。祝你們回程平安愉快，記得給我留個好評喔！」我及時收到他的回復短信。

我們又像來時那樣揮汗如雨地把行李一一搬下樓，乖乖把鑰匙放好，旁邊還放了說好要送他的那盒高山茶，只是裡面只剩下大概三兩的茶葉了。小姑那次未走完的旅程，我是完成了，不知道小姑當年遇到的英國人海關是不是像丹尼爾一樣嚴肅中帶著善意？

任何關係都會有分分鐘鐘的小驚喜，或者有很多時候是驚嚇。大到國籍、文化背景不同，小到地域觀念、飲食文化不同。接觸多了，日子久了，就能互相包容感化。我這臺灣腔也漸漸淡化，現在常有人以為我是北京人或南京人呢！雖然我的兒化音很假，好奇地卷起舌根裝裝樣子還行。我也喜歡四川的麻辣燙、陽澄湖大閘蟹、臺灣的鹽酥雞、加拿大的傳統早午餐，晚上沒事看看直播，微信中也有幾個洋人朋友加入，小老百姓的交流多了，國界模糊了，互聯網上無國界，也就沒國界好跨了。

「在我來說，旅行真正的快樂不在於目的地，而在於它的過程。遇見不同的人，遭遇到奇奇怪怪的事，克服種種的困難，聽聽不同的語言，在我都是很大的快樂。」小姑在《雨季不再來》的《赴歐旅途見聞錄》中以此句給了那次的驚魂記這樣的結論。

小姑的西班牙室友、英國海關人員，還有我的英國房東，華人和西方人們明爭暗吵，互相瞭解，就像那些在撒哈拉沙漠上一起留下的腳印，來來去去，散了又聚，然後在一起發現下一個文化驚喜或驚嚇。直到小姑踏上故鄉的土地，驚喜和驚嚇被親情替代，也多了一份使命和圓滿。

午後的秋陽將萬物都照懶了，沒有風沒有雨的路程是適意的。長長的山路好似沒有盡頭，四周安靜倒使人想閉上眼睛，安恬地睡上一場無夢的午覺。

往清泉的那個午後，就有這一份奇幻的魔力。

——《蘭嶼之歌清泉故事・清泉之旅》

不要問我從哪裡來

二〇一八年的一趟亞洲之行在我每年的亞洲出差日常中卻別具意義。一方面是為了臺北首場「回聲——三個女人的壯闊人生」演唱會，另一方面更多的是為了回出生地看看，重新走走過去遺忘的地方，感受親戚朋友的熟悉和久違的天空。而這次我也不再行色匆匆，打算好好享受那得來不易的奢侈慢生活。

六月的臺北已經把人煮得沸沸騰騰，經過前一晚演唱會的感動與喧囂，今天我本該好好睡到中午，以彌補昨晚因為演唱會後遺症而聽了一晚的《回聲》專輯。但是我還是起了個大早，只為了今天要去小姑的夢屋，一個我一直期待探訪的地方。

《清泉故事》是丁松青神父在一九八四年出版的書，由小姑翻譯。書中的主角就是我今天要去的地方——新竹縣五峰鄉桃山村的清泉部落，是一個泰雅人居民的部落。小姑當年在蘭嶼初識丁神父，又在一九八四年來到丁神父落腳的清泉部落，因此愛上這個距離臺北一個半小時車程的山中的煙渺之地。

從小我就是一個容易暈車的人，這點小姑在書裡也提到過很多次，長大後也不見改善。所以我會儘量避免九拐十八彎的山路，這次卻例外，上山前吃了一顆暈車藥就像壯士般義無反顧地出發了。我們一行六位朋友，一輛七人座房車很是舒服，相比當年小姑上山時的小車，我們算是很厚待自己了。

「小姑，你要去山上看你的那些小孩呀？」

「是呀，可能在山上建一個家。」

小姑找不到那件她從西班牙帶回來的牛仔外套，一直在臥室和客廳來回地找。

「要記得回來呀！明天放學要來接我們的。」姐姐有點擔心性情中人的小姑很可能幾天不回來。

小姑就這樣背上一個牛皮筒狀背包下樓了，這就是清泉故事的開端。

今天，我上山的日子是夏天。小姑那次穿上山的牛仔外套也在我溫哥華的衣櫃裡，我穿著短袖到了山腰上的客家村，東方美人茶的產地。一下車就被那股陰冷驚醒，想起小姑當年可是裹得一層層地上山。我們吃了客家菜，品嘗了當年據說是英國女王命名的東方美人茶，吸了一大口遠離塵囂的濕涼空氣。雖然這是個美麗的農家樂，但我們沒有多作停留，誰讓這次上山是我欠了自己十年的心願，山上的故事在呼喚，我們一刻不能等。

上山的路果然蜿蜒，狹窄的單車道卻有雙向來車，沒點駕駛技術還真的很危險。陰雨的襯托下，腳下被岩石包圍的小溪懶洋洋地漂動著，水流不疾不徐；遠方的山披著雲朵面紗，隱隱約約露著臉；路旁的樹林則敞開濕漉漉的樹幹，好像本來打算做個日光浴，卻不小心淋了一身的雨，來不及擦乾淨，隨性地等著風來吹乾。

經過幾家相連的餐廳和小雜貨鋪，屋頂上有原住民風格的雕刻，牆上也有深灰色條紋狀的壁畫，山裡的色彩慢慢浸入眼簾。我們因為遠離了城市，心裡很快放鬆，車上也沒人在睡覺，一路上手機拍個不停，對這臺灣特有的小清新氛圍我們心中也很是欣喜。過了十分鐘，車子經過一塊放在路邊顯眼的地方的扁形石頭，上面用紅字寫著「清泉」。我們開始用興奮和期待取代了剛才對山景的讚歎。

終於，車子停在一個不算寬敞的空地上。這裡也說不上是停車場，只能算是一個不會擋到來往車輛的路邊空地，很有山上講究自然成形、一切不強求的自在風格，也說明我們的司機經驗老到，熟門熟路。一位穿著白色洋裝，皮膚黝黑，頭髮直直垂下，笑容滿溢的中年婦女出現在我們車旁。

「你好，天慈，我是秀容，終於等到你來了。」

秀容姐已在等我們，我一下車就迎來她的一個大擁抱。

「你好，是呀，終於見面了，謝謝你為我們安排的一切。」我連忙道謝。

這一路上沒有她的指路還真不好找。小姑總愛開玩笑，把我們引來這山間小屋，再給我們添點旅途的難度，好讓我們體會得之不易的欣慰。

秀容姐在山上居住已將近十年，她為了山上的孩子無私奉獻，也是「三毛夢屋」的負責人。文化工作不是件好差事，常常吃力不討好，需要很多的愛心和耐心。

「今天天氣陰冷，昨天還下場大雨，你們還好吧？天慈要加件外套，如果你們多待幾天，我還可以帶你們去泡清泉溫泉。」

她熱情地招呼我們來到她替小姑細心照顧的家。

小姑當時第一次上山時，也是一路問著方向，聞著炊煙摸上來的。當時的丁松青神父正要準備出版《清泉故事》，小姑在蘭嶼和丁神父結下了姐弟之緣，因此在百忙中決定擔起翻譯此書的責任，也特地上山會會這處讓丁神父許下終生的仙境。從小姑和丁神父之後的書信中可以看出，兩人無話不談，這段友誼跨越種族與性別。小姑當年上山也是匆匆一趟，山上的孩子卻盛情邀請小姑留下來，我也經歷了這些山上朋友和孩子的熱情。

「你小姑當年上山時也是一個陰雨的日子，她一來就去了教堂找丁神父。自從他們上次在蘭嶼一別後，已是好多年沒見了。」秀容姐興奮地跟我說起。

我受了感染，也很好奇地回應：「我聽小姑說山上給她的禮物是在這裡找到了夢中的家，那個紅磚瓦房，我可以看看那間房嗎？」我承認我有些心急。

清泉部落位於上坪溪上游左側，是桃山村中最大的河谷平原與聚落，這裡是臺灣中部山區占大多數的原住民泰雅人聚集的地方，大概有一萬六千人左右。

「你們知道嗎？泰雅人部落以前有兩個太陽。」一次放學去奶奶家，剛睡醒的小姑問起不太瞭解原住民文化的我和姐姐。

「后羿有九個呢！」我帶著懷疑地說，以為小姑搞錯了。

「我沒搞錯，丁神父跟我說的，泰雅人的古老傳說中有兩個太陽。一個太陽都把你們搞得不想出門了，兩個太陽可能都要融化了。」小姑陷在自己的想像裡，莫名開始流汗。

「因為兩個太陽輪流照射，部落不堪這全天無休的乾熱，後來泰雅部落的勇士們決定去把其中一個太陽射下來，而且他們決定帶著嬰兒上路。」

小姑說到這裡故意停下來等我們發問。

「為什麼帶嬰兒？他們又不會射箭，還很吵。」我還是掉入小姑寫好的劇情，立刻發問。

「哈哈，嬰兒會長大呀，等勇士們死了，嬰兒長大就可以再繼承遺志前進。」小姑很喜歡這個熱血的故事。「最後，只剩下三個勇士一起走到了一個太陽下，一箭射穿了它。太陽開始流血，染紅大地，地表漸漸降溫，那個掉落的太陽最後幻化成月亮，所以泰雅人才能過上日作夜息的正常生活。」

小姑說完拿出筆記本寫了一些字，應該是想寫進她下一本書裡吧！而我今天來到這個泰雅人的清泉部落，卻連半個太陽也沒遇到。

我們被領著往上爬了好多不規則形狀的臺階後，來到一面石牆前，上面有一塊木板寫著「三毛夢屋」，簡單的黑色字體的右邊是一個紅色的箭頭，左邊是一些三毛的簡介，平鋪直敘很符合小姑平實的個性。

「聽小姑說過她很喜歡這裡的寧靜，是她夢中的樣子。」我說起記憶中小姑對這裡的注解。

三毛曾於清泉山上寫作

「當時是你小姑和丁神父一起畫的房屋草圖，一筆一畫作出一個她夢裡的家。這個她夢中的紅磚房，也是希望給山上泰雅部落的孩子一個聚集的地方。」秀容姐說道。

我們又爬了幾級狹窄的石階，終於來到「三毛夢屋」這個小紅屋。當年小姑本來中意的是「小紅屋」這個名字，後來看到山崖邊美麗的風景像極了夢中的家，所以大叫「我要住在這裡，這是我夢裡的家」。後來就稱這個小紅屋為「三毛夢屋」。這是一間紅磚瓦做的房子，裝著綠色的鐵門，房屋本身並不大，設計也很樸實，和附近的房子沒有多大差別，很能體現小姑小隱於野的心境。房屋前面是一個露臺和一片絕世美景。露臺是木頭做的，放了幾張木桌椅和鮮花。

↑ 三毛夢屋有許多三毛的舊照和清泉的生活點滴
← 兩個「三毛」

房子面朝著對面的遠山，山上正是丁神父的天主堂所在地。天主堂藏在一片深綠和淺黃顏色交錯的樹林裡，露出白色的十字架，高高聳立。

我彷佛可以聽到小姑捂著嘴讚歎，又張大嘴像孩子一樣大叫，此等美景是小姑夢裡的情境，我想我連做夢都夢不出它的美。我終於明白為什麼今天給了我們一個陰雨天，只有這朦朧才配得上此景的沉靜和淡雅，一切盡在不言中。

「你在這裡呀？」正當我們被美景驚呆時，一個清脆的聲音出現在我們身後。回頭一看，一個穿著泛黃的白色洋裝的女孩站在秀容姐身後，一手抓住秀容姐白上衣的衣角。她黝黑的小臉上也帶著大大的微笑，還紮著兩條像小姑一樣的小辮子。

「嘿，小麗，你來啦！」秀容姐彎下腰拉起她的小手，兩人應該是很熟悉。

「這是天慈姐，三毛是她的小姑，她來看我們。」秀容姐跟她解釋我的到來。

「你好！小麗，你幾歲呀？叫我阿姨也可以。」我也彎下腰，看著她有點害羞的眼睛。

「你小姑認識我爸爸。」她給了我一個答非所問的回答。

「是的，這個故事我們坐下來喝杯山上的茶，我再慢慢告訴你。」不等我反應，秀容姐替小麗解釋。

秀容姐把我拉到露臺的一張木桌旁坐下，是最靠近周邊，放著鮮花和茶具的位子。我伸手想抓點樹林中的芬多精和空氣中的濕氣，夾雜著小姑的味道，裝進我這城市人的口袋裡。

「來來，你可以像你小姑一樣享受我們清泉的美。」秀容姐幫我倒了一杯茶，在我對面坐下。

「當年你小姑上山時，還沒有這個夢屋，只有一些破舊的房屋殘骸。你小姑上山時是一個陰天轉雨的日子，風也很大。」秀容姐又幫很是口渴的我倒了一杯茶，繼續說道，「當時丁松青神父在山上也很擔心，你小姑好像是和一個朋友一起開車來的。果然她們的車在快接近夢屋時打滑，滑進了路邊的泥灘裡。當時的路是很難走的，不是每處都有柏油路。」

秀容姐說完，我連忙問道：「那麼艱難呀。後來怎麼辦？」小麗在旁邊的桌子邊坐下，從紅色的書包裡拿出作業本和鉛筆，一個人乖乖地一筆一畫寫起國字練習。我直覺她豎起耳朵在聽我們的對話，可能在等她爸爸在故事中出場吧！她還是沒有告訴我她幾歲。她身材很瘦小，趴在木桌子上開始哼起歌，是我聽不懂的語言，旋律卻很輕快，一直重複著。她身後是灰濛濛的樹林，她就像是一隻棲在樹上的小麻雀，嬌小靈巧，美聲出谷。我被這天真自然的一幕吸引，忍不住越過秀容姐的肩膀一直朝她那邊望去。

「後來丁神父知道了，就召集山上的年輕人過去幫忙。一群人見到你小姑在雨中下車，很親切也有些狼狽，這是他們第一次見面。其中一位青年就是小麗的爸爸，當年他十歲，是其中最小的一位，你小姑還特地謝謝他。」秀容姐說完回頭輕聲說道：「小麗，你爸爸是小英雄哦！救了天慈姐的小姑，很了不起吧？」

我猜小麗應該是七歲左右的小學生。

「我哥哥現在也十歲，可是他很笨。」

這孩子很聰明，總是巧妙閃躲她不想觸碰的問題。她頭都不抬，繼續哼起剛剛那首歌。

「我們去裡面看看吧！」

秀容姐把我拉到廳裡。一進門，是一個空曠的空間，沒有一般客廳必備的沙發、茶几等，算不上溫馨的設計，還有一些木製桌椅放在四周的牆邊，尖形的天花板布滿木頭橫梁。四面白牆上掛滿了小姑當年的在清泉部落和丁神父拍的照片。我們先從左邊開始一一欣賞。

第一張是一幅寬大的海報，上面寫著「三毛」，旁邊有兩個相對小一點的字「流連」，配上小姑和丁神父的頭像照片，還有清泉故事的起源介紹，背景是上坪溪的水景和靄靄山景。海報右側是小姑和丁神父在一個屋頂上的照片，小姑穿著泰雅人編織的背心，丁神父則穿著一貫的白襯衫，架著金絲邊眼鏡。我沿著牆走了一圈，特別喜歡一張小姑和當地年輕人合影的相片。相片中的小姑很開心，這個看似不起眼的村落，用它的原始純真慢慢治療小姑的傷痛。

「這些是比較大的孩子了，當時小麗的爸爸不在照片中。後來，她爸爸結婚生了小麗，有一天去了城裡就再也沒回來了。」

秀容姐說起，我瞭解了她把我拉到室內的原因。「小麗的母親呢？」我問道。

「她在小麗幾個月時就跟另一個泰雅男人走了，這個家再也沒有父母，只有爺爺奶奶辛苦賣點自己種的菜，照顧小麗和她的哥哥。」

秀容姐拉我在靠牆的籐椅上坐下，剛好我們的背後是一段關於清泉部落文化的簡介。

「本來你難得上山，我應該多跟你懷念你小姑的。但是當年你小姑建立三毛夢屋就是為了幫助這裡的孩子可以多多學習，也有個發展文化交流的居所，幫助生計。小麗常來這裡，拿起你小姑的書，也不確定她能讀懂多少，她真是喜歡閱讀的，也許這就是你小姑無形的感召吧！」她看著我，發出懇求的眼神。

那次小姑從山上回來後有點感冒，她並沒有跟我們說她的驚魂記，反而說了很多跟山上孩子的相識，她總是把自己的難處放在對別人的擔心之後。

「小姑，你從哪裡回來呀？」我還是忍不住好奇地問道。

「清泉，去見丁神父。跟你說過啦！」小姑病剛好，拿著奶奶剛燙過的熱水杯暖手說道。

「有帶禮物嗎？」姐姐不識相地問。

「山上的孩子哪像你們就會要禮物，他們要去念書都很難的，爸爸媽媽也都不在身邊。我就是想看看能怎麼幫他們，你們也想想吧！」

小姑說完就放下杯子回房了，我和姐姐也跑去看卡通，一下就忘了交代小姑的話。

今天再想起，確實欠小姑一次未完成的作業。現在我慢慢理解，這群孩子善良中帶著樂觀，卻讓旁人心疼，總覺得他們應該有個穩定的家。這就是小姑執意要建立三毛夢屋的原因，給孩子一個家，給文化一個落腳和展示的場所。那個在教堂偶遇小姑的小孩，用直率的熱情讓小姑放慢了腳步。來時的匆匆到走時的不捨，清泉真是一個神奇的地方，我現在總算接收到小姑指派給我的任務了。

我和秀容姐走出展示廳，回到露臺，再坐回剛剛喝茶的位置，桌上已經擺滿餐點，一個原住民婦女忙進忙出地從臺階下端著飯菜上來。

「這些是什麼菜呀？好香呀，我早就餓了。」肚子餓時我也顧不得面子了，開心地大喊。

「這是我們這兒的獵人餐，給你嘗嘗。」秀容姐開始一一介紹，「這是竹煮，也就是竹桶飯，是把我們泰雅人的主食小米浸泡後放在我們的特產桂竹裡做成的，上面用月桃葉封口去燒，味道都是來自於竹香和葉香。你試試？」

她拿起其中一個竹桶遞給我，我接過來只覺很輕，往桶裡一看居然是空的。

「這是誰偷吃啦？小麗是不是你呀？」我開玩笑似的回頭向小麗笑笑。

「你被騙啦，那個不是飯。」小麗呵呵地笑，好像早猜到我會問這個問題。

「來，那個竹筒是給你看的，這裡才是改良版。」秀容姐拿起一片切半的竹片，上面放著一團像糯米的飯團。「你嚐嚐。」

我舀了一勺很快地放進嘴裡，米並不算軟卻還算黏密。舌頭碰到米粒時味蕾並沒有嚐到味道，一秒鐘後有淡淡的青草味夾雜著竹子的味道，還有些木頭的味道，其實更像山野的原始味道，搭配著小麗的故事，還有小姑多年前交代我，而我未完成的任務，有些遺憾的味道。

我們用完簡餐，反倒想起小姑畫的「吃飯地圖」。

「你小姑當年要到對面的天主堂找丁神父吃飯，卻怎麼也不認識路。後來她乾脆根據丁神父的口述畫了一幅路線圖，叫作『吃飯地圖』，還說以後吃飯得先找好方向，提早出發，要不然等找到時菜都被搶光了。」秀容姐笑著說，「當時沒有導航，你小姑其實方向感也不太好，我也不太好，這吃飯地圖就是給肚子餓的人指個方向，朝著幸福的味道走去。天下沒有白吃的午餐和晚餐，得付出一點心力。」

我雖然已經吃飽，還是很欣賞小姑的創意。

「下次如果有人從山下來，先餓著他們，讓他們照著地圖走，才能吃到那麼美味的獵人餐點。」我也貢獻一個想法增加樂趣。

「等你們找到餐廳，我早就把飯菜都吃光了。」淡定的小麗又在旁邊補了一刀。真是個幽默的孩子，小姑沒機會認識這個鬼靈精，真是可惜。

小麗是勇士帶著的嬰兒，而勇士一一離去，她將在人生路上獨自前行。雖然小姑有交代，我還是不知道怎樣才能幫助像小麗這樣的孩子。他們樂觀、好學，愛這座山。而在山上，這種破碎家庭的故事比比皆是，也不會停止。如何長期幫助山上的孩子就學，推廣漸漸流失的原住民文化，都不是簡單的議題，更不是我一個人能幫得上忙的。青壯年出走，遠離大山甚至遠離家庭，剩下辛苦地隔代教養的祖孫們，相信當時小姑看到這麼多的現實問題也感到無奈和不忍，也許這也是小姑喜歡清泉部落又不敢常來的原因吧！

她來不及完成的心願，在此謹以短短文字表述，希望喚起對這些山上來的孩子的關注。有空去山上坐坐，延續完成三毛的遺志。「三毛夢屋」不只是三毛夢中的小家園，更是一個夢想，一個三毛大愛的夢想，待我們一步一腳印慢慢實現。

中國這片海棠葉子，實在太——大了。

而我，從來不喜歡在我的人生裡，走馬看花，行色匆匆。

面對它，我猶豫了，不知道要在哪一點，著陸。

終於，選擇，我最不該碰觸的，最柔弱的那一莖葉脈——

我的故鄉，我的根，去面對。

……

在上海，有個家，就是三毛爸爸——漫畫家張樂平的家。

……

當車子進入寧波城，故鄉人已經從舟山群島專來遠迎。

——《萬水千山走遍．悲歡交織錄．三毛故鄉歸》節選

萬水千山走回鄉

《萬水千山走遍》一書中最後的幾篇講述小姑回到家鄉浙江舟山定海，還替我們陳家人千辛萬苦、舟車勞頓地去了上海、金陵南京、肅穆的敦煌。在一九四九那年也是千辛萬苦、舟車勞頓地離開，再見已是四十載的分離。

這幾年，因為三毛散文獎在我們祖籍地浙江定海舉辦，我接觸了一些當地的朋友，陸續聽到當年的故事。一九八九年，小姑坐著「天堂號」從蘇州行水道抵達浙江，再行陸路到達寧波，最後再轉小船抵達舟山群島的小沙鄉鴨蛋山碼頭。還沒下船，岸上已是黑壓壓的人群，小姑就這樣獻上止不住的眼淚，在此與故鄉久別重逢。

而那位小姑在回鄉旅途中一直期待相見的倪竹青先生是位著名書法家，品德更是受到景仰。當年在爺爺的法律事務所工作，此時已是六十多歲的老人。他親自到碼頭迎接這位當年他捧在手心的三歲小女孩。小姑在人群中衝向他，那一幕親情像悶了很久的火山熔岩，再也擋不住地噴發。一別恍如隔世，再見兩位已是白髮人與黑髮人的

三毛在祖父墳前

三毛乘坐「天堂號」回故鄉

相擁。

當年負責迎接小姑的那位陳姓朋友在微信群裡和我聊到了那一天，讓她印象深刻的是小姑臉上藏不住見到親人的渴望，努力掩蓋的是連續幾天暈車暈船的疲憊，讓她很是心疼。多麼善解人意又情感豐富的女人，嘴裡總是說著「不累，不累，我很高興」。我想小姑心裡是擔憂的，擔憂這一次見面後，下次不知是哪年哪月，所以再累都要一一和久別的親人見面，抱抱他們，也許這是最後的一個擁抱。

一張小姑哭倒在她祖父墳前的黑白照片，哭出歷史的無奈，也哭出多年心願達成的欣慰。我們被歷史牽著走，事過境遷，不知不覺中我們也走出另一番歷史的風景記錄，而這歷史的長流不會停止，只會讓我們更珍惜每次相遇與重逢。

二〇一九年秋，我走了趟魔都上海，這個從我小時候爺爺奶奶、小姑和爸爸就心心念念的城市，時常聽到的語言，家裡飯桌上常備的美味，我都再熟悉不過了。

三毛接收家鄉記者採訪

爺爺奶奶是在上海出生的，上海話說得很地道。童年時我的耳邊也總是上海話夾雜著寧波話。讀者們都知道我的小姑三毛是個語言天才，一九八九年她來到上海，滿口標準的上海話正好派上用場。在臺灣時，小姑和我爸爸也常在去上海餐廳時爭著用上海話點菜，什麼醃篤鮮、蟹殼黃、拔絲香蕉，都是上一代鄉愁的安慰、我童年的記憶，至今都很懷念。

三十年過去，前幾天在抖音上看到小姑當時在上海接受訪問的畫面，輕柔的聲音掩蓋不了她來到這個城市的興奮，相信在臺灣的爺爺奶奶對小姑那次回鄉，嘴上不說，心裡也是欣慰的。

「妹妹要去我們的上海了，好久沒回去了，都不一樣了。」奶奶一邊收拾床褥，一邊叨念著。

奶奶是個在家都穿著整齊旗袍的女人，常常把白色花邊手絹插在胸口的旗袍縫上。身為一名律師的爺爺，做事嚴謹，話語卻幽默，對孩子的教育也很開明，只要孩子快樂，別無他求。此時爺爺卻沒有回話，只是抬高眼鏡，瞇著眼仔細看著要給小姑帶去的藥袋，確保自己女兒旅途上有備無患。這個在爺爺奶奶家的暑假夜晚，我和雙胞胎姐姐躺在爺爺奶奶床邊的地鋪上，聽著大人的擔憂。

「你小姑當年就是在這個客廳和我父親見面的，我父親特地囑咐我們，這個客廳的擺飾不能動，因為有他乾女兒的氣味。」

張樂平老師的四公子張慰君在其父親的紀念館中，帶著我一一介紹和展示每個房間。當年這位四公子和小姑一起從香港抵達上海，因為行前已和張樂平老師通信幾次，小姑按捺不住見從小偶像的心情，一下飛機就直接到了張府。而這位小姑尊稱為三毛爸爸的張樂平老師也早已在家中焦急地等待這位素未謀面的乾女兒。

有幸目睹這一幕的張四公子娓娓道來我們兩家難得的緣分，當小姑和張樂平老師相擁而泣的那一刻，兩個三毛找到了生命的契合。他還說小姑後來在臺北離世，張家一家人聽到消息，一直無法相信。我和張

三毛和「三毛之父」張樂平

四公子此前未曾相識，卻看到他眼裡的遺憾，也許正是因為這永遠也彌補不了的遺憾，緣分的延續才更有意義。

我並沒有看過《三毛流浪記》的漫畫，印象中兒時小姑跟我們提過這個孩子，一個和我學校裡的同學不一樣的孩子。

「《三毛流浪記》裡的小三毛是一個孤兒，他在街上擦鞋賺點生活費，很辛苦的。」

有一次小姑試圖跟我們描述這個她小時候在書中看到的小三毛。當時我無法從小姑的言語中想像，以為他只是一個調皮的小男孩。

「哦！我懂了，就像《湯姆．索亞歷險記》中的哈克，但是我比較喜歡湯姆。」我給了個敷衍的回復。

每年暑假，小姑給我們布置好的作業就是每天閱讀中外讀物和漫畫。其中我最喜

作者和張樂平的四子張慰君

歡一些頑皮小孩的故事，也許是我這種乖小孩心中的一點叛逆和羨慕吧！

「不是的，《三毛流浪記》發生在中國，是我們自己文化的故事。他是一個吃苦耐勞又堅毅的孩子，生活也沒有你的湯姆和哈克快樂，更沒有愛他們的奶奶。」

小姑語重心長地說，語氣中透露出她對於我們能瞭解中西童話的時代背景和人文差異的希望。小姑是一個不說大道理的人，她的《三毛流浪記》卻一直在我心底。

那年小姑從上海回來，見到我和雙胞胎姐姐就很興奮地跑來跟我們說：「天恩、天慈，你們知道我見到誰嗎？我見到三毛了。」

她的語氣中帶著粉絲的炫耀。當時我和姐姐正值青春期，滿臉的不服氣。

「難不成你也有一個雙胞胎姐妹在大陸等著你相見？」可不是人人都有身為雙胞胎的福分。

小姑也有著愛鬧的個性，繼續說：「不是我的姐妹，是我的乾爹。《三毛流浪記》的作者本人哦！是張樂平老師本人哦！」

我和姐姐這可看出小姑的心意。「哦！這就瞭解了，就像我們看到偶像林慧萍、金瑞瑤還有日本少年隊一樣的高興。」

親人間的小玩笑，你在說，我在逗，就是要彎彎繞繞不讓你太快稱心如意。在外面小姑是個傳奇人物，在家裡是我們的大玩偶，她逗逗我們，我們懟懟她。

我並沒有把這段往事告訴張四公子。在張家的故居博物館裡我看到了《三毛流浪記》的手稿，才羞愧自己兒時的無知，這可是比湯姆與哈克承載了更多時代變遷和人生坎坷的故事。再次想起小姑跟我說的那句話：「小三毛雖然孤單卻很堅強，生活艱苦卻很樂觀。」

小姑小時候也很孤單吧。原來小三毛有兩個，一男一女。不同時空，不同地點，兩個小三毛用各自的人生實踐流浪，一生精彩卻疲累，流浪過後回到上海相見，畫上棲息的句點，兩位三毛從此不再流浪。

從上海回到臺灣的小姑創作了《滾滾紅塵》這部破了金馬獎得獎紀錄的電影劇本。多項提名和賣座的票房，同時也致敬了她欣賞的作家張愛玲女士。因為這層關係，我也造訪了位於上海常德路一九五號的張愛玲故居和旁邊的紀念咖啡廳。在這裡張愛玲創作了《傾城之戀》，而小姑也寫了本《傾城》。在這本書中，當時上小學的我也給小姑寫了一篇短序，表達了我對小姑的書還處於喜愛卻不能體會的階段。兩位文學造詣卓越的傳奇人物引領我來到這個城市。我雖然不是傷春悲秋的個性，卻不自覺在上海繁華的煙火氣中找尋那書中隱約的高傲文藝味，像是滾滾紅塵中穿著合身旗袍的女人，洋氣地跳著國標舞，偷偷觀察著身邊虎視眈眈的男人。

小姑在奶奶家對面的小木屋創作《滾滾紅塵》。我們家人只知道小姑有了新歡電影，卻還不知道劇本的整體構思。三年前，我在香港見了《滾滾紅塵》的導演嚴浩，才知道劇本裡有很多爺爺奶奶當時在大陸生活的影子，包括大時代的變遷和人生的轉折。創作時手舞足蹈，恨不得自己也演上一段的小姑給嚴導留下很深的印象，直到後來嚴導都表示很想有朝一日能拍小姑的故事，也算是多年好友再一次的共同創作。小姑從小習畫，電影中男女主角蒙著絲巾親吻的著名畫面，靈感就是來自比利時畫家勒內・馬格裡特在一九二八年創作的作品《情人II》。而另一個男女主角在陽臺踩著腳背跳舞的著名橋段也是浪漫至極，很張愛玲，也很三毛。

二〇一九年三月，《滾滾紅塵》修複版上映，更是勾起很多人的懷念，而我卻陷入一句小姑跟我說過的話中：「創作是生活的填補，人生如戲，戲也可以創造人生。」當時年少的我不懂，而今走過年歲，才能體會。

夕陽西下，走遍萬水和千山，忘不了那最初的土地親情，更逃不過最終的落葉歸根。

於是不願走的你，
要告別已不見的我，
至今世間仍有隱約的耳語，
跟隨我倆的傳說。
……
滾滾紅塵裡有隱約的耳語，
跟隨我倆的傳說。

我先生荷西與我結婚的事件，雖然沒有羅曼蒂克到私奔的地步，但是我們的婚禮是兩個人走路去法院登記了一下，就算大功告成，雙方家長都沒有出席。

……

我終於殺死了我的假想敵。

我親愛的維納斯婆婆，在號角聲裡漸漸地誕生了。

——《稻草人手記・親愛的婆婆大人》節選

哪裡來的大鬍子——馬德里尋親之旅

長途飛行一直是我想避免卻避不掉的事，一年總會有好幾次長途飛行的機會，各大洲的各大機場也幾乎跑遍。這次卻不只是一次飛行，也不只是一次旅行，我已回來一周時間了，但至今還無法準確地定義這次出行。

三毛文化的推廣也做了一陣子，有幸得到很多三毛之友的鼓勵與支援，也辦了幾場線上和線下相關活動。我當然很開心大家還記得小姑，但在內心深處總覺得空了一塊，說不出哪裡不對，或者也沒什麼不好，沒什麼不對，就是有個不知所以的小缺陷。

有一個週末因為要整理思緒，就整理起了衣櫃，天真地以為衣服歸好位，思緒也能自動歸位。在一堆我稱為「紀念款」的衣物中，一件小姑給我的牛仔外套抓住了我的眼球。拿起來聞了一下，乾淨的衣櫃中不該有任何異味，奇怪的是我卻聞到了撒哈拉沙漠的味道，一陣異國的呼喚和小姑那清脆柔軟的聲音，像回聲一樣不停環繞。突然間感受到有個呼喚，我知道一趟長途飛行是在所難免了。小姑選擇撒哈拉也是在雜誌上看了一張美麗的照片，我因為一件衣服也不為過吧！

選擇去西班牙也是一直有的念頭，一個內心的渴望，有個答案我必須親身去找，卻常被生活瑣事的藉口耽誤。人有時就是得對自己有個狠勁兒，刷卡買上機票，就決定啟程。現在人有多少人能說走就走，不如說我是來一次完成心願之旅，上路尋找的那片遺失的拼圖，也許就留在那個遙遠的地方，等你去找回。

小時候家裡常有些看起來不像中國文化下的產物：一些穿著五顏六色衣服的玩偶，還有大塊的銀飾項鍊，看起來不是我那秀麗的媽媽和年紀大的奶奶會喜歡的首飾，長大後才知道那都是來自這個國度。如今，我就要去那個城市，摸著小姑以前的生活痕跡，追隨她的腳步，感受這片土地偷偷傳給我的資訊。

經過十二小時飛行，飛機著陸前，我鳥瞰這片大地，有綠色，也有黃土。飛機緩緩降落馬德里機場，氣溫比想像的高，本來常下雨的季節卻意外天晴。之後的一路上都常聽到大家說，這是小姑的歡迎儀式吧！剛下飛機後的我一般都是呆滯狀態，客氣地和空乘人員說聲謝謝，也懶得遮掩臉上的疲憊，小心翼翼的生活就留在忙碌的溫哥華吧！在這裡，我只想放鬆地接收冥冥中安排的邂逅和驚喜，甚至未知的情緒跌宕。

馬德里機場第一航站樓並不算新，後來我才知道它已經有近五十年的歷史了。也就是說，小姑以前也是走這條出境路線，看著同樣的風景，經過同樣的過海關程式。一時間我興奮地忘了時差，開始期待接下來幾天小姑安排好的奇遇。

那年小姑給臺北家中打了長途電話，是在一九六七年她剛剛落地馬德里的那天。當時的航空運輸和通訊都很磨練人的耐性，我試著猜想小姑當時的心情，她是多麼堅強的女兒，報喜不報憂，同時又心細如髮，不希望父母擔心。

第一通長途電話打通時，聽到母親急切的聲音，小姑是不是有一絲絲後悔離鄉背井來到這個完全陌生的城市？如果是我，肯定恨死自己的愚蠢和驕傲，自以為是的心牆都在母親的一聲問候中碎落一地。當時的小姑二十四歲，這個機場有她夢想的開始和告別家人的義無反顧。

「姆媽，我到馬德里了，你們都好嗎？我家裡的書記得別放地上，臺北潮濕。」小姑在電話中說道。

想念的話到了至親面前往往只剩下不痛不癢的瑣事。

電話那頭的奶奶壓抑著堆滿的關心，只能小心翼翼地吐露一絲絲。聽著女兒對家中書本的關心，其實這是她想家的暗示。倔強的旅人不能有留戀的猶豫，做母親的只好再擠出更多的寬容，成全女兒的海闊天空，只求女兒安好，放心地去飛，家裡有父母照顧。今天抵達同一個機場的我，並沒有小姑當年的壯志，也沒有遠離家鄉的不捨，畢竟我只停留一周時間。但是我多了追隨與親身體驗小姑足跡的期待，就像是尋找一個家族的歷史，帶回那塊遺失的拼圖。

在他鄉遇到同胞格外暖心，行前我已安排好了說中文的司機送我去酒店。透過車窗，一路上我看到一幅和北美城市截然不同的城市畫像。很少高樓大廈，至少我經過的路線上沒有，也沒有臺灣常有的機車在馬路間帥氣地穿梭，更沒有一堆擠著過街的行人。反之，有點年代的歷史建築處處林立，那些在其他地方列入保護古跡的藝術在這裡卻坦然自在地站在街邊，像人又不像人的雕像驕傲得看著我這個觀光客，好像在說「我已經在這裡站好幾世紀啦，看，又一個少見多怪的人」，卻不知道我真正的目的是來找尋一個親人在這個城市留下的最美也是最痛的回憶，不知道這些是人還是動物的雕像是否見證過三毛與荷西的日常？

心情的忐忑是因為要見遠方從未謀面的家人，一個在小姑口裡熱情和充滿愛的西班牙家庭。第一句話該跟他們說什麼？他們是不是還保留著荷西和三毛的物品？我們是否能一起重遊荷西和三毛當年牽手漫步的地方？那位小時候小姑口中的大鬍子姑丈，他是來自什麼家庭，他生長的地方是什麼樣的，他的三觀是怎麼養成的，一直以來都讓我好奇。可惜當時年紀小，無法在小姑的言語中體會，這次到訪也算是圓自己的夢，見見我的西班牙家人，重溫小姑當年的感動。當年的他們，現在的我們，何其神奇而珍貴！

到了酒店，剛放下行李，手忙腳亂中就接到顯示西班牙國際區號「三十四」的電話。緊張！電話那頭是荷西姑丈的家人，他的六姐卡門。我們雙方什麼也沒多說，光是忍不住地哈哈大笑。電話那頭聽起來有好多人，用很開心的語調說著西班牙語和英語，有點嘈雜得聽不清。管他什麼語言，此時此刻，最好的語言就是真心真意。

酒店門童照著卡門給我的位址，好心幫我和不會說英語的計程車司機溝通好。我就帶著追夢騎士唐吉訶德的執著，踏上這最後一公里路，心裡那頭小鹿早已撞得頭昏腦脹。目的地是荷西姑丈從小住的公寓，是他遇見三毛情竇初開的地方，也就是他們故事的開端。兩個看似遙遠的個體，就在這幢小公寓樓下悄悄遇上，成就了一段傳奇的愛情。這個傍晚，重逢的喜悅和當年初識的靦腆交織在一起，我們真情上演著主角缺席的劇情。

短短二十分鐘路程，經過了馬約爾廣場。這是個我熟悉的名字，附近人熙熙攘攘，襯著黃昏淡黃色的天空，頗有大城市風範。身為觀光客的我卻暫時沒心思欣賞，心想按照地理位置來說，小姑應該也常經過這裡，她是帶著什麼心情？是不是漸漸習慣西班牙的生活？是不是碰到什麼困難卻總想獨自解決，沒和遠在臺灣的父母親說？

不自覺地憶起小時候，小姑常開著她的小白車帶我和雙胞胎姐姐出去，常常經過圓環。

我總愛說：「多轉幾圈，看看中間種的花是不是一樣。」

小姑總是說：「不轉了，浪費汽油。」

後來才知道，小姑總是記得爸爸再三囑咐的「開車要穩，不要轉圈，我女兒會暈車」。酷酷的洋氣小姑，總是默默把叮嚀記在心裡。

馬約爾廣場，一定要再找時間來好好逛逛。

因為我不認識路，語言也不通，並不知道何時會到，只能一分一秒提著心期待著。車就在一個轉角的聯排公寓前毫無預警地停了下來，我的心臟也快停了。就是這裡，小姑和荷西姑丈緣分的起始，故事的開端。

我的童年記憶中，小姑很少在孩子面前提起她的傷心，卻會說起對荷西姑丈的想念。那種想念在言語中總是淡淡的，在心裡卻很深刻。兒時的我不懂，只記得這位素未謀面的大鬍子姑丈是個陽光大男孩，愛運動，會真誠地表達愛，不掩不藏，有著西方人的直接。

「這是荷西姑丈最喜歡我戴的絲巾，在沙漠裡的女人才戴，用來掩面的。」那是一條顏色很樸實的淺褐色絲巾，材質輕薄，大小剛好遮住小姑的臉。小姑把這個看似不貴重的物品疊好，小心翼翼地收藏在衣櫃的底層，臉上沒有太多表情，卻把這男人也安穩地收藏在心底。這個男人從小長大的地方，有著和小姑度過甜蜜時光的回憶。今天，我踏上了這公寓樓下的路磚，踩著他們當時的足跡，有著曖昧的歡愉與暗喜。

下了車，找到門牌，有點發抖地按了卡門再三告訴我，我小心記在筆記上的電鈴號碼，那個在心裡已經默念很多次的數字。電鈴聲大到好像急迫地用鬥牛士最大的熱情歡迎我的到來，而我卻近親情怯，腳步有點害羞。

我進了狹窄的歐式電梯，燈光不太亮，電梯中沒有其他人。因為和我熟悉的電梯不同，有點不懂怎麼操作，不知道要先拉上門還是先按樓層，手足無措，也可能是心慌意亂而失了應有的邏輯。在電梯上我已聽到樓上的人聲，雖然聽不懂西班牙語，卻聽出了七嘴八舌中的激動。

電梯門一打開，我看到公寓的房門是敞開的，卡門和妹妹伊絲帖已向電梯門口衝過來。兩位精神抖擻的美麗中年婦人，穿著得體大方，滿臉笑容，一下子融化了三月天的涼意。接著從房門中開心地跳出來的是荷西的大姐、哥哥和他們的子女們。電梯門口一下子擠滿了人，進去和出來的人都被期待。荷西的家人，他們曾經見證荷西和三毛的一見鐘情，曾經忙著在最短時間準備結婚文件後千里迢迢寄過去，在沙漠孤單生活中做荷西和三毛的後盾。還有荷西姑丈走後，陪小姑度過失去丈夫的日子，這份親情，現在的我何其有幸能分享。

一出電梯門，我一個跨步就跌進了第一排的卡門和伊絲帖的懷裡，扎實地被騰空抱起，在空中停留幾秒。含蓄如我，被嚇了一跳，心裡卻暖暖的，充滿了軟軟的溫柔。

荷西曾經生活過的公寓

Hola！你好！遙遠卻熟悉的西班牙家人，我回來了！

一進公寓門，房子並不大，滿屋子的人有認識我的，也有不認識的我的，我們都很想好好認識彼此，臉上堆滿了興奮的笑容。這間荷西姑丈成長的房子，我雖然是第一次到訪，卻莫名覺得充滿了熟悉和回憶的味道。我對培養了荷西善良、溫暖又堅毅個性的家庭充滿期待。

荷西姑丈的哥哥，另一個留著小鬍子的成熟男人，因為不會說英語，善意地用手勢示意我把外套放在玄關的衣架上。我一邊和每一位迎接我的家人用唯一會的一句西班牙語「Hola」打招呼，一邊乖乖地把外套放好。一路帶來的沉甸甸的禮物還是緊緊抓在手裡，生怕放在門口

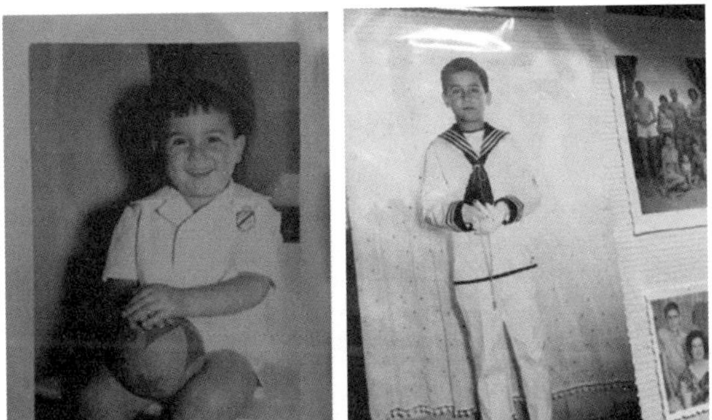

荷西童年時期的照片

會忘了給他們。

卡門熱情地把我領進客廳，我一時間不知道該照她說的坐下來，還是滿足自己的好奇心先看看櫃子上泛黃的照片。她細心地看出我的猶豫，主動拉我到櫃子前。

「這是你荷西姑丈小時候的照片，他從小喜歡海，喜歡游泳，就是執著地喜歡。」

在一堆照片中有一張小小的黑白照片，上面是一個穿著白色水手裝，帶著大大笑容的西班牙男孩。我蹲低身體，讓自己和這個天真可愛的小男孩四目相對。

他彷彿在跟我說：「你看，我將來要成為一個水手，每天可以和大海一起，一定很開心。我還會給你家人幸福，一定會。」

客廳旁有一間敞著門的臥室，看起來很普通。卡門輕描淡寫地說這是荷西小時候住的房間，一直住到十八歲。我屏住氣，慢慢踏進了這個不算大的臥室。荷西家是傳統的天主教家庭，有八個孩子，他排行第七，上面還有四個姐姐、兩個哥哥，下面還有一個妹妹。小小的房間裡，擺飾已和當年有些改變，右邊放著一張單人床，左邊是一張書桌和一把椅子，兩邊牆上有書架，窗戶外是對面的公寓，簡簡單單但滿是故事感。

「小姑來過這房間嗎？」我轉頭問。

卡門說：「當然有。他們常常在房裡聊天，聊電影，聊朋友，無憂無慮的兩個年輕人總是笑得很開心。」

穿著水手裝的小男孩和自己的初戀在這個小小的房間裡，視窗透進陽光，照射著甜甜的青春。那天的相遇，雖然談不上以身相許，卻在年輕的荷西心中留下深深的渴望。他渴望多瞭解這位開朗又有些靦腆的東方黑髮女子。

小姑當時正要參加荷西樓上鄰居，也就是當地一位華人朋友家的宴會。那位華人朋友硬是把在當地求學的小姑拽來參加聚會。小姑很不想麻煩人，也不是很喜歡不熟悉的人之間的客套。萬萬沒想到，這一次不好意思拒絕的聚會，卻成就了被傳頌近四十年的愛情傳奇。

之後，三毛與荷西的儷影就常在這裡出現。他們像一般年輕人一樣嬉鬧，荷西幫助小姑練習西班牙語，三毛給了荷西許下六年之約的勇氣。這個見證一切的公寓，至今沒有太多變化。而我們三毛與荷西的家人在此初見，也開啟了另一段親情的再續。

荷西的家庭是個極有愛的大家庭。上個世紀初，荷西的祖父隻身去了阿根廷工作，開始自己的事業，在那兒一待就是二十年，而荷西的父親就是在阿根廷出生的。幾年後荷西的祖父去世，他父親回到西班牙，在一個南方的小鎮定居下來，因為學會計的背景而進了銀行工作，並在那裡遇到荷西的母親。

一九五一年，荷西就是在這個叫作安度杜爾的小鎮出生。我意外地發現，這個氣候溫暖的小鎮竟然種滿了小姑歌詞中的橄欖樹。直到後來幾天我到了小姑和荷西住過的大加那利島和拉帕爾馬島上，這首傳唱幾代人的《橄欖樹》音樂也一直陪伴著，在我耳裡單曲迴圈。

儘管廚房裡傳來陣陣香氣，我們還是選擇先在沙發上坐下，好好看看彼此。其他荷西的家人們陸續抵達，我們入鄉隨俗地親吻彼此的左右臉頰，這是最好的國際語言。我迫不及待地拿出從臺灣帶到溫哥華，再從溫哥華帶來馬德里的禮物。一座琉璃的裝飾品和臺灣的高山茶，很高興他們也喜歡。排行最小的荷西的妹妹伊絲帖開心地走向我，她的手藏在背後，臉上露出調皮的笑，旁邊的人也跟著偷笑，等著看我的反應。

我站起身，她從身後拿出兩本深灰色的西班牙語書，不說話只就是笑。厚厚的深灰色書上印著小姑的照片，很有質感的設計。

荷西家人向作者介紹三毛作品的西班牙語版本

作者和荷西家人

荷西用過的蛙鏡

「這是小姑的西班牙語新書嗎？什麼時候出的？」

我在來之前已知道第三本三毛作品的西班牙譯本即將發行，沒想到就在我抵達的前一天正式上架，卡門和伊絲帖特地讓出版商送到了家裡。西班牙對小姑的意義非凡，這熱騰騰的書就像三月二十六日小姑生日前夕到來的禮物。一位華語作家因為對寫作的喜愛，隨手記錄了異國的生活故事。三十年後，用另一種語言讓書中的人物再次經歷故事中的喜怒哀樂。今天這本書我是從荷西家人手中拿到，命運彷彿充滿了突如其來的迴圈。

晚餐豐富到我有些不好意思。荷西家人卻待我非常親切，彷彿我是一個週末回家吃飯的親人。我也就不把自己當外人，幫著搬桌椅，放好碗盤和酒杯，不知道小姑當時是不是也負責這項工作？長長的桌子一瞬間被香氣滿溢的西班牙美食鋪滿。我們倚靠著長桌圍坐，我偷偷咽下口水，肚子早就打了一陣子的鳳陽花鼓。

命運就是這麼幽默，荷西有個侄女和我同名，也叫潔西卡，大概比我年長幾歲，在紐約出生，英語說得非常好。我們一見如故，有聊不完的話題。她特地坐在我旁邊，確保我不會有溝通障礙，真是個非常貼心又健談的美麗女人。她一一介紹十幾樣菜，她說完最後一樣，有時差的我已經忘了第一樣，到頭來還是只知道西班牙火腿、海鮮飯，還有我眼前的三文魚。

我們各自拿著紅酒、白酒、啤酒和果汁，舉杯祝福。此時此刻，任何言語也道不盡心中的激動。分不清是四十年後的相遇還是重逢，總之都是夢想成真的感動。我們緊緊相聚在一起，樓下傳來的鄰居孩子的嬉鬧聲音，以及說說笑笑聲中的開心時刻組成了我在西班牙的第一餐。

忙進忙出的潔西卡轉了一圈，回頭看我右手拿著叉子，等著荷西大姐先下手，我才敢「染指」眼前新鮮欲滴的橘色三文魚，她哈哈大笑。

「快吃，快吃，別客氣。」

為了這次遠道而來的親人回家的晚餐，荷西的家人早早已經開始準備。有的從遠方開了四小時車趕來，有的在家裡的菜圃中摘了新鮮蔬菜，有的一早開始和麵粉，有的擔心我從溫哥華來會不會已吃膩了海鮮。我何德何能，感謝遠方家人的熱情付出和所有的一切。

西班牙的美食讓我不但開了胃，也著實開了眼界。我在溫哥華時，也在三毛微信群的線下聚會中嘗試過西班牙菜。說實話，還是西班牙本地的菜對我的胃口。不知道是不是西班牙南北菜色的不同，這頓晚餐的食物完全沒有太鹹或太酸，或許是家人間的瞭解戰勝了文化的差異，家常菜在世界各地都是完勝五星級大飯店的。

「荷西姑丈以前也常吃這些菜嗎？」

我一連吃了好幾個土豆、半個蛋餅和兩個肉丸，填飽了肚子後還是忍不住想多瞭解這位素未謀面的姑丈，小姑靈魂的另一半，以填滿好奇心，這也是這次旅程的重要目的之一。

「這些都是我們平常吃的菜，荷西喜歡吃蔬菜和西班牙油條，明天我們帶你去馬約爾廣場時可以嚐嚐。」

卡門帶著笑容回答，我舉起酒杯和她碰了杯，一切盡在不言中。

荷西走時正值壯年的二十八歲，依絲帖是家中最小的妹妹。

「荷西走時，年輕的我正在希臘旅遊。當時我已打算偷偷回來，給家人一個驚喜。那個年代聯繫很不方便，我又在旅程當中，家人無法聯繫到我。」

滿心歡喜回來的依絲帖，卻萬萬沒想到她和感情最好的哥哥已經天人永別。一場意外，無情地在兩個家庭裡炸了個大洞，至今無法填滿。穿著水手制服的小男孩從此和他的海永遠相依，卻和他的家人、愛人永隔。十二年後，小姑也走了，相信重聚後的他們，是自由的。

晚餐在愉快的氣氛中結束，卡門幫我叫了車送我回酒店。

「明天見。」她隔著車窗大喊。我眯著眼笑，連聲道謝。

隔天一早，我們以開心和懷念的心情開始了追隨小姑和姑丈的足跡。不管是相遇還是重逢，都是美好的際遇。

因為是週末，馬約爾廣場人潮湧動。觀光市場前的街道上種滿了莓樹，春意盎然。卡門和依絲帖雖然年紀不小，但西班牙人天生的樂觀和輕易感染人的熱情，總讓我們忘了她們的年齡。一路上她們興奮地向我介紹這個她們成長的地方，我雖是第一次和這座城市見面，卻充滿熟悉。

「以前荷西和三毛常常跟我們一起來這裡逛街、吃午餐，大部分的時間就是隨意走走聊聊，沒有目的，只想在一起，生活就是那麼簡單。」

西班牙是很多北歐人來避寒度假的地方，馬德里充滿各色人種，都是閒逛的慢步調，我也跟著放慢腳步。

我們經過一家服飾店，裡面有很多南歐風情設計的項鏈、耳環、手環和洋裝皮包等，都是小時候在小姑房裡看過的，今天終於我找到了貨源。小姑平凡生活中的小發現，經年累積成了後來三毛式的穿搭風格，至今獨樹一幟。因為這個發現，我心裡有了份踏實。廣場上很多年輕人駐足，加上賣力表演的街頭藝人，不停拍照的觀光客，還有打鬧的小孩，非常熱鬧。廣場中心被公寓從四周包圍，很多人在陽臺坐著，望著樓下的喧囂，欣賞一下午的歡樂。

「這就是荷西很喜歡吃的西班牙油條。」我們漫步到廣場後面，卡門指著一家排著長長隊伍的小店說。

西班牙油條和中國油條可說是同父異母的兄弟，個性不同，口味不同。西班牙油條要配熱可可或咖啡，中國油條要配豆漿。一甜一鹹，各有所好，值得一試，可惜荷西沒機會嘗嘗中國油條。

「這家是間百年老店餐廳，以前我們和你小姑常常來這裡吃飯。我們就像其他年輕人一樣走走逛逛，享受週末時光。荷西和你小姑總是手牽手，有說不完的話。」

卡門在一家路邊的西班牙餐廳前停下，我從她眼裡看到對弟弟的想念和對青春的追憶。

「你小姑對人很有興趣，特別喜歡聽我們說生活上和朋友相處的小故事，有時候

左起依次為卡門、伊絲帖和作者

作者和卡門、伊絲帖在馬德里書店看到三毛的作品

我們也會聊聊男孩子，她給我出出意見。我和她不只是姻親，更像無話不談的好閨蜜。」

伊絲帖也陷入沉思。我在她旁邊靜靜地感謝這家人給小姑的溫暖和對我的款待，兩家人的緣分至今不變。

馬德里處處有古老的建築，成就了這個城市的人文感，大概這也是小姑會喜歡這裡的原因，我分外珍惜這次的文化沉浸。我們來到一家在路邊的百年書店，其實比較像是書報攤。卡門說這是小姑最愛逗留的角落，常常可以停好幾小時，每本書都想買回家。

「她看了很多書，所以她的西班牙語越來越好。剛開始還有些語法和發音的錯誤，半年後已經說得很好了。我哥因為在德國待過，你小姑還會和他用德語交流，非常有語言天分。」

伊絲帖補充道：「荷西比較喜歡運動，你爺爺很喜歡他的運動細胞，你小姑好像不太愛運動，比較喜歡看書和聊天。」從她倆邊走邊隨口聊到的一字一句中，我漸漸拼湊出小姑在西班牙一點一滴的生活日常。小姑的喜怒哀樂多年後可能再也無法用隻字片語描繪清楚，但是可以確定的是，在這裡她是被愛著的，這些西班牙家人給了她很多的溫暖和接納。在他鄉重新開始並不容易，小姑在這裡努力適應，接收南歐的陽光與熱情。

卡門和依絲帖帶我吃了著名的小吃Tapa，小而精緻的食材。小店裡聚滿了人群，我們就站著吃。看著她們為了我忙進忙出點菜，我著實感謝。我們邊說邊笑，碰杯敬酒，我也開始習慣西班牙三餐的生物鐘，放鬆地享受。

我因為興奮沒感到疲累，卻不好意思再打擾卡門和伊絲帖，雖然她們年近六十還非常硬朗健康。

捨不得和葛羅（荷西的姓氏）一家人說再見，但時間還是到了。因為隔天我要趕一早的飛機去小姑荷西居住過的大加那利島和拉帕爾馬島，卡門和依絲帖明早也要開車回到她們居住的城市，我們就在街頭道別。我的心中充滿感恩，也知道一定還有下次相聚。這是一場短暫而深刻的見面，這幾天的陪伴飽含著情緒的起伏。四十年後兩家人相擁的那一秒開啟了下一代的傳承。開始就會一直持續，天上的荷西與三毛也會手牽著手感到欣慰。

而我的下一站，三毛之島，更是小姑生日的禮讚。

不知何時開始，它，已經成了大西洋裡七顆閃亮的鑽石，航海的人，北歐的避冬遊客，將這群島點綴得更加誘人了。

……

可是荷西和我更樂意帶了帳篷，開了小車，飄洋過海地去探一探這神話中的仙境。

——《稻草人手記．逍遙七島遊大海中的七顆鑽石》

逍遙二島遊：原來你也在這裡——大加那利島（上）

去過很多大大小小的島嶼，小時候在臺灣郊遊時去的綠島、蘭嶼，搬到加拿大西部城市溫哥華之後，旅遊勝地的溫哥華島周圍有各式各樣的私人島嶼，對我一個出生成長在寶島臺灣的旅遊愛好者來說格外親切。然而，這次準備造訪的兩個位於西班牙西岸、非洲北岸的小島，對我、對我們整個家族來說都是別具意義與期待的。荷西走後，四十年後我們陳家人第一次踏上這片土地，為此我油然而生一種任重而道遠的使命感。

小姑在《逍遙七島遊》裡記述了她和荷西當年來到加那利群島這七個被稱為「金蘋果」的島嶼，那個在古希臘《荷馬史詩》中被賦予神祕色彩，令水手們嚮往的仙境之島。當年小姑和我們現代旅人一樣在行前做足了旅遊攻略，當時沒有網路，全靠著圖書館裡的舊書和朋友間的口耳經驗相傳，不但費時，資料也不齊全。然而熟悉小姑個性的人都會和我一樣，相信小姑一定是帶著興奮的心情仔細閱讀。她一向是對新鮮事物、人、地方和文化充滿如同孩童般的好奇，再長的路、再累的準備都澆不熄她的義無反顧。

當時因為戰亂，西班牙喪失撒哈拉沙漠的統治權，小姑和荷西姑丈便想從撒哈拉沙漠搬回西班牙。因為大加那利島的善良人文風氣與鄰近北非撒哈拉沙漠的地理位置，他們選擇落腳於加那利群島中的第三大島大加那利島。《逍遙七島遊》寫的就是小姑已經落腳大加那利島後去其他幾個島遊玩的經歷。

相信很多三毛的讀者對於這段故事都很熟悉，也有很多特別有行動力的讀者已經不遠千里，親自追隨三毛的足跡，以書中極其有限的資料為基礎，做了比小姑當年更多的攻略，千辛萬苦地來到這七個在我們華人眼中的「三毛之島」。在此，我感激之餘，更想回憶的是長輩們提起當時小姑輾轉搬遷，前有很多的未知與彷徨，後有紛飛的戰火在追趕，兩個相愛的人緊握彼此的手，沒有畏懼。而遠在臺灣這個小島的家人們更是擔心卻愛莫能助。

曾聽家中長輩說起，小姑是在一九七六年左右到了加那利群島。當時我才四歲，每天待在奶奶家無憂無慮地玩耍，渾然不知家裡人對小姑的擔心，甚至不知道遠在那個金蘋果小島有位後來和我成為好朋友的家人。那可是個寄一封信到歐洲都要整整一個月的年代，很多人都不知道西班牙在歐洲的東南西北，一個華人女子為了愛卻去往本來人煙稀少的沙漠，在顛沛的生活中找到了快樂和滿足。

那時的新聞是報導了撒哈拉沙漠的長久戰爭，一對沒出過亞洲的父母在電視前看到女兒居住的地方處處烽火連天、硝煙四起，簡直心急如焚。儘管身為父母非常希望把子女留在身邊照護，可他們卻用最大的包容與尊重去支援這個特殊孩子的夢想與自由的靈魂，把擔驚受怕藏在無私的慈愛裡。

他們在家庭的晚餐飯桌上也甚少提及自己的憂慮，是不想小姑的兄弟姐妹也加入擔心。他們只能默默祈禱戰爭趕快結束，遠方的女兒和女婿捎來一切安好的資訊，這是父母的另一種愛和一力承擔。

今天我帶著已故祖父母曾經的不安以及家中長輩對小姑的想念，在馬德里和荷西姑丈一家人分別後，乘坐西班牙國家航空公司的飛機，在清晨來到這個屬於小姑的島嶼。雖然我深深知道這會是一次情緒波動很大的旅程，但還是早在飛機起飛時就難掩心裡的激動。

《逍遙七島遊》中提到，小姑和荷西決定從居住的大加那利島前往其他島嶼旅遊時，第一時間就排除了坐飛機的選擇。比起節省時間坐飛機、住舒適的大酒店，他們更喜歡坐船和住帳篷。小姑總是選擇能接近當地人、體驗當地人文的旅遊方式。這一站我卻慚愧地選擇了乘坐飛機，隨行的還有跟拍紀錄片的團隊的導演和我的好友小月，幫我忠實記錄這次意義重大的人生里程碑。雖然我們是為了省時間，拍攝器材也很龐大沉重，加上我有暈船的恐懼，但這些著實都不是藉口。現代人為了便利，確實錯過了很多慢生活中的風景。帶著內疚

三毛故友張南施（左一）、三毛公園海邊餐廳老闆佩里科（左二）、瑪卡門女士（右二）和三毛故友付曉丘（右一）在機場接機

抵達大加那利機場，見到小姑當年的忘年好友南施姐後，又再次感激小姑的牽引。她的好友四十年後早早在機場等候她的侄女，相信是小姑的安排成就了這溫暖的一幕和這份跨越年代的緣分。

「天慈，天慈！在這裡，這邊，看到了嗎？」

南施姐一邊在微信上喊著，一邊快跳起來似的伸長了脖子和我招手。她身旁站著小姑當年的另一位好友曉秋和一位西班牙友人瑪卡門女士。

我推著行李車，茫然地左顧右盼，同時在微信上大喊：

「看到了，看到了，我們過來了。」嘴邊的笑容立刻掃光了連日來的疲憊。

之前一直和南施姐在微信上交流。她是個熱心的人，幫我們推薦了酒店和航班，讓我們第一次來到這陌生的地方卻並沒有感到不安。她身邊的瑪卡門女士也非常熱情，雖然不會說英語，卻給我一個大大的擁抱加上一連串的西班牙語。我只能回以微笑，真心感受到她對我們來訪的盼望。從她們的笑聲中，我聞到小姑對這個島的偏愛，熱熱的空氣中有著黏黏的情意。

「我們先去吃飯，就到那家海邊餐廳，然後我帶你們去逛逛。」

我們到停車場拿了車，南施姐上車後一邊發動引擎一邊說，還不時往後視鏡看看另一輛車是否跟上。瑪卡門女士載著曉秋和紀錄片導演，緊緊跟著我們出了機場。我一時間來不及感受這一切的奇妙，就這樣糊里糊塗被命運安排著來到了島上，推進了他們的回憶和我的第一次體驗裡。

我們往泰爾德開去。因為剛從馬德里這個大城市飛過來，一路上我的第一印象只覺得這是個單一的土黃色基調的樸實城市。對一個長年生活在北美粗獷文化下的人來說，這裡的建築還帶著在加州度假村見過的拉丁風格，有點熟悉感。小姑從荒蕪的撒哈拉沙漠來到這裡，確實也花了點時間適應，這點後來她回臺灣時也跟我們提過。她的說法是跨度怎麼都比不上回到嘈雜的臺北大，剛下飛機的我漸漸能體會。

不久後，我們的車子停在海邊。這是一個叫「男人海灘」的地方，而我們眼前的海岸只是「男人海灘」的一小部分。也許這片海好比男人，確實不太好懂，這海浪的洶湧也像愛情中不可避免的七上八下，時不時來折磨人。小姑當年聽到這片海的名字時，是不是也有這種感悟呢？那溫柔的夜、海邊的星空和那無盡的孤單。男人海灘，男人再也不歸。

「我們先吃飯吧！」

南施姐早就知道我們會忍不住往海邊走，一下車她就先發制人地發號施令。可惜她的話並沒有奏效，我們還是被這片海和那面有著小姑畫像的藍牆吸引了過去。這是個特殊的海邊角落，是由當地政府規劃設計的「三毛角」（Rincón Sanmao）。車剛停下，我們就見到了牆上海報裡的小姑穿著在沙漠中常穿的白袍，飄曳的長髮任風吹散，遠眺著這片「男人海」。

此情此景，我當然完全聽不到南施姐在旁的聲聲呼喚。

獨自向小姑的畫像前走去。她一個人眺望著海，是不是在等遠方的親人？

「原來這是你夢中的那片海。」我在心裡對她說。

雖然這裡被稱為角落，實際上是一個小公園。中間天空藍的牆上有小姑的畫像，牆前放了一張可容納兩三人的鐵椅，大概是讓人在此陪陪小姑，靜靜看海。除此之外，還有幾個孩童玩的溜滑梯和秋千。聽那位瑪卡門女士說，設計師當時的靈感是來自三毛對孩子的喜愛，也是想讓孩子的笑聲充滿這片本該愉快的海邊。

這個為小姑定制的角落以及西班牙人對小姑的厚愛著實讓我感動。小姑曾有兩段時間在此居住，第一段是小姑和荷西因為西屬撒哈拉沙漠中的戰亂，從沙漠搬來大加那利島。

RUTA
SANMAO
Rincón
Sanmao
角落
三毛
欢乐
Alegría
Sanmao (1948-1991), escritora chino-taiwanesa icono en los paises asiáticos.
Vivió diez años en Playa del Hombre, Gran Canaria como Echo Chen.
Su influencia fue vital para sus compatriotas que hoy siguen su estela y nos visitan.
Sanmao dejó tras de sí, más de veinte obras, fue guionista de cine y la traductora del personaje de "Mafalda" al chino. Mujer amable y cariñosa. Le gustaba bajar a la playa a recoger "callaos" para enseñar a los niños a pintarlos.
"Las Islas Canarias son un paraíso turístico, tener que describirlas en este relato tan corto es una lástima. Espero que algún día el lector pueda venir a visitar este archipiélago..." (Sanmao)
三毛（1948-1991），中国台湾作家，曾在大加那利岛男人的海滩（Playa del Hombre）居住了将近十年之久。她的作品在亚洲广为流传，至今仍深刻地影响着同胞们追寻她的足迹前来这里探访。
三毛留世有二十余部著作，当过电影编剧，还是漫画Mafalda的中文译者（中译本名为《娃娃看天下》。她和蔼可亲，平易近人，喜欢在海滩边捡一些鹅卵石教孩子们在上面画画。
她曾在一则故事中写道："加纳利群岛是旅游天堂，要在这么短的篇幅里把它全部描绘出来真是太可惜了。我希望有一天读者们能够亲身前来探索这些岛屿。"
Cabildo de Gran Canaria
GranCanaria

「三毛角」海報

他們選了一個離海邊不遠的平房，有荷西喜歡的海和小姑喜歡的寧靜。當年在這島上生活的亞裔人不多，鎮上出現一位亞裔女子也是很突兀的。見過各種文化差異場面的小姑，早就習慣各式好奇的眼光。荷西出去工作的日子，小姑會在家寫作、看書，不主動和人聯繫。午後在海邊散步，獨自閒晃，到市場買菜，帶一束花回家，也和鄰居攀談。小姑喜愛這小島獨特的自在和愜意。

第二段是荷西姑丈去世後的八十年代，小姑獨自一人回到這個變得過於寧靜的島。還是在家寫作、看書，更少與人聯繫了。午後的海邊散步也減少了，也許是因為她對海已有說不出的失望。曾經美好的回憶，如今卻形單影隻，這片海，已是不敢靠近的背叛。

小姑的海陪伴著今天的我們造訪「三毛公園」。經過快四十年後，這裡以她的名字命名、重建，中西文化在這裡無形地交流，相互影響。海浪雖洶湧也不再是眼淚的化身，而是對生命的感動。這片海默默見證著命運的潮起潮落，歡喜離合。一陣感歎與唏噓之後，還是得滿足俗人的口腹之欲，更不用說我在來之前就收到很多三毛之友轉發的「三毛丸子」的照片，我非常期待吃到它。

一進這個海邊餐廳，就感覺整個餐廳充滿著度假氣氛和西班牙人的樂天歡笑。裡

作者在「三毛角」

面坐滿了人，大部分是家庭客人和零星的旅客，黑頭髮的亞裔人只有我們一桌。我們選了張靠牆的長桌，南施姐用流利的西班牙語點了一桌子好酒好菜。早在馬德里的荷西家人的盛情款待下，我已徹底愛上西班牙小吃。雖然進餐時間和我們習慣的不同，但必須得承認所有的等待都是值得的。

自從踏上西班牙的土地，這個吃飯時間的問題總讓我腦海裡充斥著小姑翻譯的漫畫《娃娃看天下》中的情節。那個愛談政治的阿根廷小女孩瑪法達和她愛喝湯的弟弟吉也每天下午都要睡長長的午覺，晚餐吃到半夜，每年家庭都要去度假曬得紅紅的回來。這是我瞭解西班牙人生活習慣的開始，也是小時候看這漫畫時常和小姑聊的話題。小姑總說西班牙人如果夏天不去度假，就不好意思跟人說，要偷偷躲在家裡。我回了一句：「他們度假是做給別人看的，我們度假也要照很多照片，回來給同學看，全世界的人都一樣。」

這次旅程我也是親身體驗了一番特殊的飲食文化。我們圍坐在桌邊，用味蕾感受這個初次造訪但又熟悉的地方。第一道菜是新鮮的三文魚，配上單寧豐富厚重的西班牙葡萄酒，來自三文魚之鄉溫哥華的我也不得不寫個服字。我毫不客氣地把自己的疲憊狠狠地浸在這南歐的氛圍裡。

「你小姑和我是忘年之交，認識她時我才十五歲，她應該是三十出頭。當時年紀小，和小姑並不太熟悉，只知道鎮上來了一個愛讀書的大姐姐，當時還不知道她是作家。後來，直到荷西去世，小姑又回到島上，當時我十八歲，我們才熱絡起來。我常常去她家看中文書，和她聊聊天，很喜歡她。」南施姐拉起我的手緩緩敘述。經過這些年，不管是南施姐還是我們家人都已漸漸從失去這位親人或朋友的悲慟中走出，回憶起她的一切，只有甜美、溫暖，如今更是因為她把周圍的人再連接在一起。

「小姑有沒有常常去你們的中餐廳？她有沒有跟你父親學幾道拿手菜？」

我好奇地問起。南施姐家開的中餐廳在當地享有盛名。

「她常來，但是她總是說得多吃得少，你知道的，她對人的興趣大於食物。她總是主動關心身邊的人，這裡的人都很喜歡她。」南施姐繼續說，「當時的小鎮上人口不如現在的多，當時也沒有這家餐廳。我們也很關心荷西出去工作時一個人在家的她。我們家住在北邊一個叫作拉斯帕爾瑪斯的城市，到她家也要二十分鐘車程。平常小姑除了去我們那兒辦事，沒事時也會在這裡附近散步。」

我望向窗外的海和熙熙攘攘的人群，想像當時清靜的小鎮。小姑等著丈夫回來，有個盼望總是好的。

「三毛丸子」我終究還是沒有吃到，當天客人太多已經賣完了，我有點遺憾。這種丸子是用三文魚和魷魚做的。七〇年代很多遠航漁船來此，所以這裡漁產豐富。小姑特別喜歡吃魷魚，也很會烹飪海鮮。於是，和我們同行的瑪卡門女士就建議這家後來開的餐廳老闆，給這道菜取名為「三毛丸子」。這位瑪卡門女士滿腦子都是小姑，彷彿和小姑早就認識，做閨蜜很多年了。我的家人能讓遠方南歐小鎮上的餐廳有一道菜以她的名字命名，著實令我感到驕傲，下次一定要再回來嘗嘗這個丸子，相信除了小姑的味道，還會有濃濃的人情味。

南施姐提到小姑的烹飪技術受到當地朋友喜歡，這讓我不禁想起小姑親手做的那道西班牙海鮮飯，就是在她剛搬回臺北的第一年下的廚。我的母親，也就是小姑的弟媳婦也在旁邊學習。據我母親的回憶，小姑不太講究食材和調料劑量多少，隨心所欲，全憑心情，煮的人開心，吃的人也會開心。小姑煮的不只是道菜，還是對西班牙故人的懷念。那道西班牙海鮮飯一上桌，我和姐姐立刻拿起勺子挖了一個大洞。兩個小孩滿嘴的橘黃色飯粒，滿心的新奇。

「小姑，我們把你的西班牙吃掉了，你再也回不去了。」

我們吃飽後，跟餐廳老闆道了別，拍了合影照片，帶著忐忑的心情上了車，因為下一站是小姑的故居，那個她和荷西曾經廝守的地方。

「我們和小姑的鄰居甘蒂約了三點，現在怕遲到，得趕快了。」

南施姐是個認真負責的人，已經在幾天前安排好了一切，為這次將近半個世紀後的見面做足了準備。

她接著說：「小姑那間房子現在的主人為了見你，也特地從馬德里趕來。他們平常不住在這裡的，只是偶爾來度假。」

我心想這次旅程真是麻煩了不少人，有點過意不去。

車沒開多久，經過幾條上坡的道路後就停在一個街角。一切彷彿理所當然，就這樣要和她的家見上面了嗎？

南施姐和其他當地朋友已經不是第一次來了，對於一切早已熟門熟路，並沒有注意到我的緊張。我和紀錄片團隊的小月、王導一行人跟在南施姐帶領的隊伍後，聽到他們一陣陣高昂的西班牙語問候，還來不及緩過來，人已站在小姑的家門口，這個常聽小姑懷念起的家。

二〇一八年起，在許多西班牙民間友人的努力促成下，大加那利島和拉帕爾馬島兩地的政府開發了「三毛之路」這個旅遊專案，目的就是紀念小姑對中西文化的貢獻，同時鼓勵多一點華人同胞來到這兩個美麗的小島。每個「三毛之路」的景點前都會有個政府認證的藍色方形標示，醒目地寫著「三毛之路」。除了剛剛我們去的「三毛公園」，小姑的故居也是重要景點之一。小姑的故居因為其重要性，門前的標示也特別大。左邊是小姑那張穿著迎風飛洋白袍的照片，帶著淺淺的微笑看著每一位來看她的訪客，右邊用西班牙語和中文分別寫著「Ruta Sanmao」和「三毛之路」，簡簡單單的設計已道盡這個地方對小姑的尊重和情感。

旅客彷彿瞭解三毛愛安靜的個性，總是三三兩兩而來，人不會太多，也不會逗留很久，只是靜靜地陪她一會兒。

這個家是小姑在七〇年代和荷西一起居住的房子，荷西去世後小姑獨自回到這裡已是八〇年代，直到決定搬回臺灣久住，她才萬般不捨地出售。一九七九年秋天，爺爺奶奶長途飛行來看小姑，也見見這位傳說中迷戀小姑的拉丁大男孩。

房子的現任屋主朱利歐先生和夫人站在門口迎接我們，這是一對挺高大的、和藹可親的西班牙人，先生穿著襯衫加西褲，夫人穿著涼爽的洋裝，休閒又不失禮儀。小姑的房子他們接手照顧，一磚一瓦盡可能保持原狀，一間給人感覺乾淨整齊、清清爽爽的房子是小姑的個性與人生態度的體現，簡單、自我卻也無害地靜靜存在著，默默地影響周圍的人。

「Hola！」我用了西班牙語來問候，大家擁抱成一團。

「你是第一個來訪的陳家人，我們很高興，也很榮幸。」透過南施姐的翻譯，我和屋主朱利歐先生在門口就迫不及待地聊了起來。千言萬語一時間不知從何說起，一堆疑問堵在嘴邊，思緒來不及處理。

這一腳踏進門，心底鑽進一陣任我如何武裝也無法抵抗的暖意，除了繳械投降，心裡還有些喜滋滋的。沒錯，這是她的味道，她在這兒，今天也在。

這本來是一個安靜而人跡稀少的島嶼，十年前歐洲渴求陽光的遊客，給它帶來了不盡的繁榮，終年泊滿了船隻的優良大港口，又增加了它的重要性。

——《稻草人手記・逍遙七島遊大加那利島》節選

逍遙二島遊：原來你也在這裡——大加那利島（下）

小姑的故居位於這條街的三號，和旁邊的住宅其實沒多大區別，是幢很普通的建築。橘紅色的磚加上白色的牆，大門是一扇鐵拱門，屋頂是橘紅色的瓦片，很有度假城市的風格，給人舒服、放心的感覺，莫名的讓人喜歡。說實話，我不確定我是不是能公平地評斷，在我心裡早已對這房子有了先入為主的好感，一見鍾情就是這感覺吧！

進門後是一個寬敞的長型走道，地上鋪著米白色的大瓷磚，右邊是個小花園，有一叢茂密的矮樹和一塊目前沒有花的花圃。

「小姑以前很喜歡在這兒種花，可惜當時的花沒留住。」南施姐是很好的口譯，一直跟著翻譯朱利歐先生的話。

我猜他的意思是好花不常在，人走花謝。我們沒有直接進屋裡，而是走進了走道盡頭的車庫，車庫門開著。

「這個木架子是當年荷西自己做的，他的手藝很好，木工做得很堅固，到今天我們還在用，也算是對他作品的尊重吧！」

當時，小姑總是收集很多石頭，她還說石頭就像她的朋友，需要呼吸。所以寵愛她的丈夫荷西就親手做了這個木架子，上面放的不只是石頭，還有對妻子滿滿的包容與欣賞，一個丈夫對妻子的愛，直至四十年後依然經久不衰。我也伸手觸摸這木架子，確實很細緻，沒有刺人的木渣和剝落的油漆。

如今，車庫並沒有停車，也是整齊地放了很多雜物，當成了儲藏室在用。朱利歐先生摸著木架子，臉上帶著喜悅，迫不及待地跟我說當年的故事，彷彿是憋了四十年的故事終於能向對的人吐露。

經過一番戶外的參觀，我的期待已經壓抑不住。朱利歐先生看出我的興奮，帶著我們進了屋內。他瞭解我不會放過任何屬於小姑的角落，每處都會仔細品味。

一進門先是一個長條形的前廳，朱利歐先生告訴我們，這個空間是當年小姑在時就有的，他們並沒有改動過。他們收房時，小姑還告訴他曾經想把這裡改成花房，後來並沒有這樣做。再往裡走就進入主屋，屋內很涼爽，很乾淨。首先是客廳，四四方

三毛故居一角

三毛父母前來探望三毛時居住的房間

三毛和荷西的房間

方的，暖暖的三月天，有陽光灑進來，好像小姑在對我們微笑表示歡迎。我一眼就被進門後左邊的一個特殊設計吸引住了——廚房和客廳之間是一個拱形的牆洞，讓在這個半開放式的廚房裡做菜的人可以一眼望到客廳窗外的花園。我想小姑一定很喜歡從這個角度看窗外的黃昏，等待荷西歸來，計算著上菜的時間。那是屬於小夫妻的日子，那是她半圓形的世界。想起小姑在臺北的房子，客廳也都有幾個窗戶，那是她喜歡的，她總說窗戶是代表自由和希望。

「人有時候不能完全自由，但是至少要看到希望。」小姑常常說。

朱利歐先生帶著我們走到廚房後面，一一參觀每個房間。因為時代久遠，不得已很多傢俱都已經更換了，格局也稍有變動。裡面的兩個臥室並不大，我甚至分不清哪一個是主臥，哪一個是次臥。

「你的爺爺奶奶來時，就是住在這個臥室裡。」朱利歐先生在一個小房間門口說道，南施姐也忙著替我們翻譯。

這是一個有兩張單人床的臥室，兩張不算大的床上整齊地鋪著白色床單。進了另一間臥室，牆是後來刷上的深綠色。裡面靠牆放了一張大床，幾乎沒有其他裝飾。

參觀完兩間臥室，我心跳加速，腦海裡出現小姑、荷西姑丈和爺爺奶奶住在這裡和當時他們相處的畫面。還有那張爺爺和光著上身的荷西下棋的照片裡，西班牙的熱情和中國傳統的親情交織在那張小小的棋盤上。爺爺托著腮幫子，荷西光著上半身，想必他們彼此的關係已不陌生。異國的島嶼上拍下的平凡的家庭生活照，透出西班牙人度假般的愉悅。小姑肯定是幸福的，有愛她的丈夫在身邊，在那個難忘的中秋節前夕，還有父母不遠千里來探望。

爺爺奶奶常跟我們說荷西姑丈的好，尤其是他愛運動的好習慣，特別合爺爺的心意。爺爺是個愛運動的人，曾經想把子女和孫女都培養成運動員，最後只有這位洋女婿是個運動健將，所以他對荷西姑丈也是諸多稱讚。荷西姑丈雖然不會說中文，英語說得也不流暢，兩人卻能像父子一般的暢談，雙方肯定都花了不少心思，也是很大的緣分。

房子的最裡面是一個洗衣間，是後來打通擴建的。地板上淺橘紅色的瓷磚和門口的磚很相襯。

我們在客廳的籐椅上坐下，和朱利歐夫婦聊了一下，得知他們在買這房子之前其實並不認識小姑，也不知道小姑是因為太悲傷而不得不賣掉這房子。後來在房屋交易過程中認識後，他們覺得小姑是個很親切的華人女子，不過不知道她是著名作家。

三毛、荷西和三毛的父母 在西班牙

朱利歐先生說：「你小姑搬走時還給我們送了一盆花，至今我們還記得那份善意。最近幾年，門前常有華人旅客駐足，有時候還對著我們的大門唱歌，我們也不知道為什麼。打聽了之後，又在網上做了很多資料搜尋，才恍然大悟。」

說到這裡，夫妻倆相視一笑，好像在笑當年的「不識泰山」。

「後來政府把這裡規劃成『三毛之路』的一站，我們也欣然同意，算是紀念這位後來才熟悉的前屋主。今天把這個故事傳給她的家人，也算是一個交代。很高興能有這個機會。」

我趕緊回應：「很感謝你們對小姑故居的愛惜，盡力讓它保持原狀，以及對『三毛之路』的鼎力支持。」

我上前握住朱利歐先生和夫人的手，也顧不得對於初次見面的友人是否太熱情。此情此景，言語已無法完整表達。

我們因為和隔壁的鄰居甘蒂約好，只好依依不捨地跟朱利歐夫婦擁抱道別，互相留下聯繫方式後，步行前往隔壁的甘蒂家。

等待我們的是祖孫三代的一大家子，孩子們發出歡呼聲，讓一向不喜歡麻煩人的我有點不好意思。甘蒂曾在小姑的幾本書中出現多次，其中《夢裡花落知多少》描述了小姑在荷西意外過世後再回到大加那利島的故居，來迎接她的甘蒂幫小姑打掃好房子，刷乾淨窗戶，還堅持不讓她獨自留在故居裡過第一個夜晚。今天我是帶著道謝的任務來的，雖然我一個晚輩的道謝和甘蒂深刻的友情比起來顯得微不足道。

我還在樓梯上準備上樓，就看到甘蒂的孫輩們在上面的庭院裡喊著「Hola！Hola！」我連忙打招呼並加快了腳步，近乎小跑步地上樓。一上去就見到一頭金色中摻點白色短髮的甘蒂朝我走來。她給了我一個大擁抱，接著他的子女和孫輩們都帶著家人般的溫暖，還夾雜著些許羞怯和

三毛、荷西、三毛的父母和甘蒂一家人一起用餐

我一一擁抱。

當年在小學當教師的甘蒂常常和小姑隔著一堵牆聊天話家常。那堵牆還在，甘蒂這邊的加高了一些，另一邊沒變，只是人事已不復見。

甘蒂的兒子莫德斯特用流利的英語和我聊起來。

「我小時候常常見你小姑和我母親在這堵牆的兩邊聊天，常常聊很久都不進來。你小姑很愛笑，她們就這樣站在牆的兩邊，就是這堵牆。」

他拉我走過去。甘蒂家在比較高的地勢，我從這堵牆順勢往下看，看到了小姑家的橘紅色屋頂，也就是小姑在《夢裡花落知多少》中描述的，帶著傷痛回到島上，第一晚在甘蒂家看到自己家的屋頂瓦片，眼裡不敢直視，心裡想著屋內的人。

我和莫德斯特倚在牆邊繼續聊著，正好就在當年甘蒂和小姑聊天的位置。

「我記得小時候有一次，媽媽和爸爸要去聽音樂會，你小姑很好意地來我們家照顧我和妹妹，她跟我們說故事，什麼故事我也不記得了。後來，我因為頑皮爬上爬下把頭弄傷了，你小姑很緊張地帶我們到醫院，很內疚的樣子，其實調皮的是我，沒有聽她的話。至今我還很感激她的照顧，她真是一位很善良的女士。」

我也附和著：「小姑的善良總讓她身邊的人溫暖，她的悲哀卻常常是不說的，她永遠是把陽光撒在別人身上，陰影留給夜晚的自己。」

客廳傳來一陣美妙的歌聲，是瑪卡門女士因為目睹這次兩家人的再聚首，一時有感而發唱起了一首她自己為小姑作的歌曲。歌詞大致是說小姑是海的女兒，我們懷念她，這片海永遠屬於她。好美的意境，好美的西班牙友人的欣賞之情。

三毛、甘蒂以及甘蒂的孩子們

左起依次為甘蒂丈夫、三毛父親和荷西

作者和甘蒂的兒子莫德斯特

甘蒂走進房裡拿出一本貼滿相片的厚重相冊。她一一為我展示她和小姑，以及孩子和小姑的合照。

「Echo很喜歡孩子，也想要有自己的孩子。她總是對我們的孩子很好，我們兩家不只是鄰居，已經成為家人，她的走對兩家來說都是很大的失去。」

已是白髮蒼蒼的她眼裡泛著淚光，卻沒讓眼淚掉下。多年後再想到逝去的親人也只有無奈的惆悵，而不再是放聲地痛哭流涕，我懂的。

莫德斯特拿出一幅裱好的照片對我說：「Jessica，你看看這是誰？」

我以為是小姑，沒想到竟然是爺爺的照片。照片裡的爺爺穿著他最喜歡的小牛排褐色外套，非常精神、自信，也很健康。我眼眶濕了，這是一位老父親搭了十幾個小時飛機，來到西班牙後給這家人留下的印象。這張照片真實地拍出了這第一個成就三毛的人，一個溫和斯文卻給女兒最強大肩膀的父親，三毛永遠的靠山。

「謝謝你們。」此時除了這四個字，我已無言。

這一家人細心呵護著小姑在大加那利島的記憶，她人生軌跡的一部分。這次不但見到小姑常提到的甘蒂女士，還有她的後代，我感念這一家人的友誼給了小姑這份溫情。天上的小姑在微笑，為我們的相遇而欣慰。爺爺奶奶如果在世，也會感謝這家人

三毛和甘蒂

作者和甘蒂

替他們照顧這個從小讓他們心疼的女兒。

雖然這次來島上是一直以來的心願，也是一趟遲到的彌補遺憾之旅，但時間上還是很匆忙，只能在有限時間裡儘量體會。要和甘蒂一家說再見真不是容易的事，不過一聲再見也絕不會是個結束，相信以後我們還會再見面。

離開甘蒂家之後，我們驅車來到了聖胡安教堂。相信很多三毛的讀者都見過一張非常有名的照片，照片中小姑穿著白色溜冰鞋，白長襪上面還有個紅邊，很短的藍色短褲顯得很年輕時髦，後面還有一棵大樹。這張照片就是在聖胡安教堂前拍的。當時小姑頂著喪夫之痛，接受朋友的好意嘗試新的事物，她是多麼努力從悲慟中走出，只是她需要點時間。

瑪卡門女士用她柔美的聲音解說，語氣中帶著對自己文化的驕傲。

「這個教堂是十六世紀的哥德式風格，並且和諧地結合了二十世紀的新哥德式建築風格，教堂前面有個塔樓，是當地人常常來做彌撒的天主教堂之一。」

小姑並不是天主教徒，卻很尊重各種宗教信仰。「小姑是在這教堂的哪個地方學的溜冰？」我急切地想要還原這張照片的現場，忍不住開口詢問。

「別急，就在前面呢！」曉秋姐說話了，帶著理解的溫柔微笑。

「就是這裡了。」在教堂靠近街邊的大樹前，南施姐給出了指示。

我睜大眼睛，看到一個想學溜冰的女孩穿著丈夫童年玩伴馬諾羅送的溜冰鞋，一次次練習，努力抓住短暫的開心，快門下留下了女孩永恆的笑容，她在那個艱難的時刻也不忍辜負朋友的善意。

小姑回到臺灣後，曾跟我和姐姐聊起她學溜冰的事，她說自己並不怕摔，身體的痛已經不可怕。當時年幼的我正學著騎腳踏車，很怕疼，所以並不太明白她的意思。今天我來到原址，聞著西班牙的空氣，才有了領悟：溜冰的外傷是為了平復內傷，只有失去過的人才懂。

經過二十分鐘車程，我們來到另一個城市拉斯帕爾瑪斯。在車上我小睡了一下，也緩和一下太沉重的情緒。這是南施姐住的城市，小姑當年常常來這裡的銀行和政府機關辦事。街道上處處是小姑的影子、她當時認識的人、常去的店家，以及跟荷西一起悠閒享受的海景，一切都還在。

「小姑人緣很好，很多人都認識她，她只要來這裡都會來找我，來我們餐廳坐坐。」南施姐的臉上充滿了回憶。

拉斯帕爾瑪斯現在是一個北歐人常來的度假城市，南施姐的「金門飯店」位於坎特拉斯海邊，沙灘上處處可見專業沙雕師的作品，讓我開了眼界。

「這裡很少下雨吧，沙雕都不會壞。」我問了個顯而易見的問題。

「是呀，所以很多北歐人過來。」曉秋搶答。

這次造訪讓我在一步一腳印中累積了對小姑異國生活的瞭解。雖然造訪的未必是什麼熱門景點，但在我心裡卻別具意義。

「有一次小姑一個人在海邊的人行道上走著，有朋友叫她也沒聽見。之後，我們再看到她也不會主動喊她，也許她在和荷西對話吧，我們給他們一個專屬的空間，不打擾。那一年是荷西走後她又回來的第一年。」

我回頭看了眼那條海邊的人

三毛在聖胡安教堂前學溜冰

行道，想像著小姑需要多大的勇氣才能回來，一個人再走同樣的路。

「我終於見到這兩支小木棍啦！」

晚餐時我已經餓壞了，拿起筷子開玩笑地說。來到西班牙快一周了，我的中國胃終於可以開工了。

大加那利島觀光局的代表也抽空來參加我們的歡迎宴是告別宴，我當面感謝了當地政府對三毛足跡的保護和對景點規劃。接著一道道地道的中國菜一一上桌。南施姐的先生強哥是這餐館的大廚，他忙進忙出地招呼我們這群餓鬼。我完全被他拿手的紅燒獅子頭和那條大黃魚征服，小姑也曾在這裡找尋家鄉的味道吧！美食的功能不只是果腹，還有滿滿的幸福和情感的連接，異國他鄉的中國餐廳更是任務重大。

「你小姑很喜歡海鮮，以前常常有臺灣漁船過來，她會去跟他們買魚，做海鮮給我們吃。」

強哥說起小姑當年做海鮮給餐廳大廚品嘗的趣事，我們都笑了，這就是小姑的真誠和不按牌理出牌。

這幾年，很多三毛的讀者來探訪她的足跡，旅途中也受到南施姐的很多幫助。南施姐和小姑間堅固的友誼以及這份付出，在我造訪南施姐家後更是確認無誤。

南施姐的公寓在離餐館不遠的地方，裝飾得非常寬敞舒適。我們被帶到一個小客廳裡，左邊是一面的書架牆，右邊是沙發，正面則是一個大陽臺。我們並沒有立刻坐下，而是不約而同地走向書架。

「你看，這些都是小姑當時送給我的書，當時我還未滿二十。荷西走後她回來定居了幾年，後來因為你爺爺奶奶年事已高，她決定搬回臺灣定居，所以就把很多書都送給我了。這是她的珍藏，現在也是我的珍藏。」

南施姐仔細地一本本介紹小姑送給她的書，有魯迅，也有張愛玲，當然還有小姑自己的書。

「這是什麼？」

我拿起一顆石頭問道。小姑喜歡收集石頭，但這顆並不像小時候我在她家看到她收集的那些石頭的風格。

「這是我畫的，送給南施的摯友和南施自己。」強哥回答。

那是一顆畫了沙漠和駱駝的彩色石頭。強哥鐵漢柔情，尊重妻子的友情與回憶，小姑能認識這些好友真是幸運。我也感染到了這些幸運。南施姐給我念了小姑回到臺灣後給她寫的信，字字道出臺北生活的繁雜與對大加那利島的想念。南施姐把泛黃的信紙收藏在一個厚厚的檔案夾裡，細心呵護著她和好友的青春。

「這是我收到的最後一封你小姑寄來的信，一九九〇年六月。」她繼續念道，「現在的我住在一個老公寓裡，不與人來往。前年、去年我常在印度、尼泊爾和喀什米爾一代旅行。去年我開始回中國……」

小姑雖然不喜熱鬧，面對信任的好友卻很願意敞開心分享生活點滴，常常一聊就是好幾張信紙，南施姐就是這種摯友之一。

「我的中文寫作不太好，收到你小姑的信後，我常常都過好久才提起筆回信。每次展信，她的笑仿佛都浮在紙上，真希望當時我能多花點時間和她筆談。」

南施姐陪了我們一天，明天一早還要趕飛機去馬德里，可她疲累的聲音裡還是透出對小姑的愛和思念。這份友情並沒有天人永隔，反而在一次次對記憶的翻閱中，歷久彌新。

離開時，南施姐和強哥送我們下樓。

在一樓大堂，南施姐說：「這裡也是我和你小姑最後道別的地方。她說回去後真不知道何時會再見面，沒想到那一別，卻再也不見。」

我沒有回答，那「最後」兩字戳中我的淚腺。我轉身給南施姐和強哥一個擁抱，這份情就讓下一代來延續。

這個屬於小姑的島，島上有認識她、愛她的人，也有來不及認識她卻也愛她的人。每個人都用自己的方式紀念著她，她也用自己舒適的方式，為這些愛她的人留在了這片她熱愛的土地。

作者和張南施翻閱三毛的信件

要來拉芭瑪島之前，每一個人都對我們說，加那利群島裡最綠最美也最肥沃的島嶼就是拉芭瑪……這兒水源不斷，高山常青，土地肥沃，人，也跟著不同起來。

……

出發總是美麗的，尤其是在一個陽光普照的清晨上路。

——《稻草人手記‧逍遙七島遊杏花春雨下江南》節選

逍遙二島遊：荷西之憶——拉帕爾馬島（上）

對我來說，大加那利島和拉帕爾馬島（三毛作品中的拉芭瑪島）像是兩個不同個性的女人。前幾天造訪的大加那利島熱情奔放，海邊是規劃得很好的度假設施，隨時可以開一場盛大的宴會，也經常有各國首領和一些企業集團來這裡開會，郵輪隻絡繹不絕地往來，顯出她地位的重要，真是一個活潑好動的社交型女性。相對於大加那利島離西班牙本土比較近的位置，拉帕爾馬距離本土則有三小時的飛機航程，她顯得沉靜內斂，優雅中透露點傲嬌，似乎不太在意有多少人來訪，只是獨自存在著，自由而舒適，真是個神祕而自我的女人。

小姑曾在《逍遙七島遊》裡寫道：「如有一日，能夠選擇一個終老的故鄉，拉芭瑪將是我考慮的一個好地方。」如果荷西沒有在這裡消失，他倆是會在這裡定居終老的。而我一踏上這島，不知道是因為這裡是我的終點站，還是因為這個小島的特殊意義，我總有一種畫下句點的惆悵。沒想到的是這幾天意外地遇到很多人、很多故事，很巧或多或少都和小姑有關。

不期而遇，不用解釋，也許，把我帶來這裡的是她。

這次在機場接我們的是拉帕爾馬島觀光局的塞恩斯先生，他是一位留著全白落腮鬍，皮膚黝黑，身材中等，被鬍子擋住笑容只好瞇起眼睛笑的西班牙聖誕老人。

作者和拉帕爾馬島觀光局的賽恩斯先生

這天淩晨四點，我們已經從酒店出發趕往大加那利島機場，班機卻延誤了兩小時。雖然一直和他保持聯繫，可還是讓他久等了，他卻依然精神奕奕，沒有半點倦容和不高興。他一見到我們就立刻給了我們一個大大的擁抱，貼面禮時感到他的鬍子著實很札臉。接著，他拉我們到旁邊的觀光海報前合影，還送上滿滿的紀念品禮物袋。我們就以輕鬆的相遇開啟了這趟小姑口中的

「芭蕉島」之旅。

我們去拉帕爾馬島時正值三月底，下飛機時也剛剛雨後放晴。也許是碰巧也許未必，那天正好是小姑三月二十六日生日的前一天。「Jessica，你知道嗎？我們這裡下了好幾天雨了，就在你飛機降落時剛剛出現陽光，這是你小姑對你的歡迎儀式吧！」

塞恩斯先生開心地說著。他因為策劃「三毛之路」和小姑成為沒見過面的好友，逢人就說三毛的好，一副相交多年老友的樣子。

道路上還是濕漉漉的，天空卻灑下一道道的陽光。

「早該來了，來晚了，這幾天要麻煩你啦！」

我回答，心中迫不及待想認識這個和大加那利島截然不同的「神祕女人」，拉帕爾馬島。

一輛白色小轎車裝滿了我們的行李和期待，準備開往第一站——荷西姑丈的墓園。這是「三毛之路」的靈感來源和起點，也是三毛與荷西故事的終點。

墓園位於一個地勢比較高的小坡上，風景很好，可以遠眺海洋，卻很寧靜，沒有墓園的肅穆，反倒多了沉靜的溫柔。車子停在墓園正門口，雨又下起來了，還有點大，塞恩斯先生貼心地幫我們準備了傘。

「來來來，我們先來跟聖提先生打聲招呼，他正在等你呢！」

塞恩斯先生幫我打著傘，我們一起來到大門口右邊的管理員亭。

「Hola，Jessica！」

一位穿著藍色連身工作服的高大西班牙男子從房屋後面走出來，一個跨步就站在我面前。他的制服上還有一些白油漆，膠底鞋也有點磨損，可見他平常忙著處理墓園裡的很多事情。

「Hola，你好，很高興認識你，我終於來了。」我握著他的手笑著說。

他有著一雙粗壯厚實的手。之前在三毛讀者的微信群裡聽說有些人來整修好的荷西墓園，因為不確定正確位置，都靠這位管理員聖提先生一一說明指引。

「這位先生就是『三毛之路』的發起者之一。事情是這樣開始的，幾年前他發現有很多華人自己通過各種管道，查了很多零碎的資料，辛苦地找到這裡，詢問他荷西墓地的位置。」

賽恩斯先生當起了翻譯。這位聖提先生並不會說英語，想想當時很多同胞和他溝通也是很不容易，比手畫腳加上翻譯器都阻擋不了他們的決心，這片土地上的每個人對三毛都是用盡了心力。

我們進了管理員亭，裡面空間很小，也很淩亂。一張小書桌就放在進門的右邊，桌上很多西班牙語的文件，一張張紙沒章法地躺在桌上。桌面下墊著一塊玻璃，下方壓著幾張名片和小紙片，隨意散亂。牆上也很斑駁，應該是很多年留下的痕跡了。左邊是一些雜物，還有一個小通道連到後面的儲藏室，剛剛聖提先生就是從那兒走出來和我打招呼的。

「請坐，我給你看樣東西，這幾年就等你們陳家人來，要給你們親自看看。」

作者在墓園的管理員亭

作者和荷西墓園的管理員聖提先生

聖提先生讓我坐在唯一的一張椅子上，他和賽恩斯先生站在我身邊，這讓我有些不好意思。

「你看，這是來這裡的人給荷西和你小姑的留言。他們和我聊了很多，雖然我也聽不懂他們說什麼，但我看得出來他們很想念這個叫荷西的西班牙人還有他的妻子三毛。」

聖提先生打開一本很普通的厚厚的長方形筆記本，裡面一張張紙都很皺。我隨意翻開一張。

「三毛，我們替你來看荷西了，這一路上問了很多人，很喜歡你們的那片海。」

「荷西、三毛，我從三年前看你們的故事，你們讓我再次相信愛情。我希望明年能申請到西班牙的交換生，這樣我可以常常來看你們。」

「原來荷西在這裡，三毛應該也在吧！想你們。」

還有一些西班牙語的留言，說是荷西和小姑的故友留的，寫下了對他們的思念和不捨。我看得入迷，很想一一閱讀，仔細體會文字中的情感，當然如果能做什麼更好。

塞恩斯先生催我們進去看荷西之墓，那裡也是觀光局細心規劃的一站。我和聖提先生合影後道別。

「謝謝你的細心，謝謝你看到那麼多華人來找一位西班牙人的墓地，而開始對三毛這位東方女子好奇。在你和塞恩斯先生的大力促成下，才有了今天的『三毛之路』。這一切都是一點一滴慢慢累積的成果，我們陳家人真心感謝。」

我又抓起他粗糙的大手說道。他有些憨厚地傻笑。雨停了，施捨我們一絲陽光，與此同時，我走進了荷西的墓園。

因為住在溫哥華，我也去過一些西方人的墓地。西方墓地的特色是顏色很豐富，有的甚至還有孩童專區，放了很多玩具和遊樂設施，一點也不在意製造歡樂的氣氛會對逝者不敬。荷西墓園的設計也是，一進大門並沒有讓人害怕的感覺，反倒像來到一個花園，走道兩邊的石墓上放著五顏六色的花，石子路上非常乾淨，剛剛被雨洗過也不滑。我們在一個長方形的水槽邊停下。水槽位於一排排石碑間，任誰都看得出它的存在有著特殊意義。

塞恩斯先生說：「這個水槽特別設計在陽光照得到的地方，陽光照在水面上，剛好可以折射到旁邊荷西的墓碑上，給了他陽光和溫暖。」

我難掩心裡對這個巧思的欣賞說道：「真是太有心了，這樣荷西姑丈就不怕下雨和寒冷了。」

思緒還沒從剛剛那個精緻的設計中出來，我一轉身過了個拐角，已經來到荷西姑丈的面前。小姑的摯愛，從小聽到大的這位男孩，我們終於見面了。

那是一個在轉角的墓碑，比旁邊的大很多，也高很多，採光不錯，有著荷西樂天大男孩的風格。白色的石牆圍繞著石碑，上半部分是一個小花壇，內凹的三角形設計非常別緻，墓上堆滿了鮮花，在白色底色的襯托下也很鮮明。下半部分則分為兩邊，左邊是一個玻璃櫃子，裡面放滿了寫上字的石頭、粉紅色花瓣和一張荷西與三毛的黑白合照，照片下方寫著：JOSÉ MARÍA QUERO RUÍZ 9 OCTUBRE 1951–30 SEPTIEMBRE 1979（西班牙語，意為荷西．馬利安．葛羅一九五一年十月九日～一九七九年九月三十日）。玻璃櫃旁邊還有一束鮮花，剛剛聖提先生提到這是早上才有人來獻上的，上面還有未乾的雨水或者是淚水。玻璃櫃右邊是另一塊淡米黃色的石碑，上面刻著深灰色的字：José María Quero Ruíz（一九五一～一九七九），下面還有一個螺狀的貝殼雕刻。

我好奇地問：「這個貝殼有什麼寓意嗎？」

塞恩斯先生說：「是的，我們的祖先在危急時用這種貝殼呼喊人來幫忙，我們在

作者和賽恩斯先生在荷西墓前

荷西之墓

這裡放這個貝殼，象徵著荷西從海底呼喚三毛，表達愛意。」

設計師把當地文化與這段愛情故事用惆悵一針一線地縫合，讓他們做了又一次完美地結合在了一起。可能因為身處歐洲，這裡的氛圍讓我不禁想到希臘神話中眾神在海岸邊吹著海螺貝殼唱歌的畫面，神祕而優雅。

作者在墓前寫石頭祭奠三毛和荷西

「這些都是來看荷西的人手寫的石頭。你小姑喜歡收集石頭，所以我們做了這個設計，讓喜歡他們的人可以把想說的話寫下來，告訴他們。你也來寫顆石頭吧！」

塞恩斯先生說著不知從哪兒拿起一顆石頭交給我，還遞上一支簽字筆，好像早就準備好的。一時間我真不知道怎麼說出心中的千言萬語以及還來不及消化的心緒。

「小姑&荷西姑丈，願您們永遠與我們同在。Love！天慈，二〇一九年三月二十五日。」

我寫下了一句話，一顆小小石頭不足以表達，相信小姑他們會瞭解的。塞恩斯先生開了鎖，讓我彎下腰打開玻璃櫃，親手把那塊石頭放進去，算是給這位素未謀面的姑丈一份見面禮，同時也在小姑的生日前夕給她一個紀念。

回到車上，天空出現一小道彩虹，好像一對愛人滿足的微笑，伴著我們前往市區。希望常常默默地出現，當你不再糾結眼前的難處，願意抬頭仰望天空，才會發現那稍縱即逝的存在。

市區街道很小，不是單行道但只夠過一輛車，交位時只能互相禮讓，各憑本事。每條街幾乎都是石子路，車子不好走，典型的歐洲小鎮風格。

「下來走走吧！」塞恩斯先生提出建議。

我們下了車，穿起外套，用腳體會小姑逍遙七島遊時接地氣的樂趣。

「Hola！」

腳剛落地，一聲親切的問候打破四周安靜的空氣。一位穿著淺褐色小牛皮外套和牛仔褲，戴著黑框眼鏡的年輕男子從一間屋子裡出來，大老遠叫著塞恩斯先生。他們用西班牙語交談了幾句，我在旁邊正好看看這裡的木建築房子。敞開的大門可以清楚看到屋內是一大塊寬敞的空間，靠牆有很多小書架，這不像是一般住家，應該是這個社區的活動中心之類的地方。後來也在塞恩斯先生那裡得到證實，這是一個平常供當地居民聚會聊天的場所。

「太巧了，這位是小勝，你知道嗎？他就是初期說明我們收集三毛資料的人。他不斷和荷西家人聯繫，花了很多時間請人翻譯，完整地把三毛的生平整理出來，給我們『三毛之路』規劃小組的人員參照。」

塞恩斯先生開心地和我介紹這位偶遇的幕後第一功臣。我一邊驚喜於這次的相遇，一邊跟這位小勝先生握手。

「你好，非常感謝，真的是太感激不盡了。」

我打從心底尊敬他。一位遠在西班牙小島的年輕人，為了一位陌生的華人女子的故事，花了快一年的時間做資料收集，然後慢慢愛上這個傳奇女子。他的用心把三毛和荷西再次帶回這個他們曾經想定居的地方。

「很多資料是中文的，我們看不懂，找了島上孔子學院的人幫忙，一字一句慢慢瞭解、串連。我很喜歡你小姑，她是個勇敢的女子，我們拉帕爾馬很榮幸能推廣她的事蹟和有趣故事，這是一段應該被保存下來的文化足跡。」

他說話時嘴巴張得很大，句句帶著大大的微笑，露出整排牙齒，是一般人很難擁有的天生樂觀，喜歡三毛的人都很有才。

然而，萬萬沒想到他並不是我遇見的唯一一位幫助過小姑的人，一路上更多的不期而遇還在等著我。

我們繼續往前走。塞恩斯先生走在前面，他走路很快，加上我們一大早起床趕飛機，而且昨晚回到酒店也已是半夜，所以有些跟不上他的腳步，但心裡卻感受到他的雀躍。他小跑步著上了一段樓梯，那是一座像中國鼓樓般的歐式樓房，很多城市都有一座這樣的建築。我們跟著他上

塞恩斯為作者介紹小鎮

樓，心裡帶著疑問卻也沒多問，旅程中本該充滿驚喜和未知。

「這裡是看全城風景最好的地方。」塞恩斯先生說，

「這風景不錯呀，就是風有點大。」我回答，頭髮已被吹亂。

樓頂是一塊白色石磚地的寬敞空地，其實這座建築並不算高，可能因為這裡本身地勢就高的緣故，我們可以看到遠處的教堂。

「那個教堂的門口就是荷西餵鴿子的地方，記得那張照片嗎？」

塞恩斯先生指向前方一個不算大的教堂說起。我其實也為有這帥氣善良的姑丈感到驕傲。

「當然記得呀，荷西姑丈穿著黃色毛衣和白色褲子，開心地餵著鴿子，非常帥氣。就是那個教堂呀！」

從上方看下去的教堂，雖小卻很熱鬧。一群剛下課的西班牙孩子有著嫩紅色的皮膚，身上還穿著白襯衫加綠色裙子或短褲的制服，他們把書包扔在臺階上，在教堂前的庭院裡嬉鬧起來，有的玩球，有的踢毽子，跑來跑去，給這個寧靜的小鎮添了幾分甜蜜，可是沒看到荷西照片中的那群鴿子。

我還在享受風吹拂過臉的清醒，突然塞恩斯先生又被一個男人叫住了，這鎮上認

識他的人還真多。

「午安，天氣很好呀，昨天的雨都被風吹走了。」那人說道。

西方人打招呼就是喜歡談天氣，不像我們華人總愛關心別人吃飯沒。眼前是一個極有品位的男人，蓄著金色的鬍子，戴著灰綠色的鴨舌帽，也穿了一件淺褐色的外套加牛仔褲，裡面搭了一件灰色的帶帽運動衫，休閒而合身的打扮很有藝術家的風貌。

「你好，馬丁。太巧了，應該說又太巧了。你知道這是誰嗎？她是三毛的侄女，從加拿大來的，特地來看我們的『三毛之路』。」塞恩斯先生加快語速，難掩興奮。

「真的？」那位馬丁先生瞪大眼看著我，「你好，我是『三毛之路』的攝影師，負責拍照片和視頻。」

「哇！那些塞恩斯先生發來的美麗的照片和空拍視頻就是你拍的呀？太美了，完全拍出一種三毛的瀟脫風格，結合拉帕爾馬島的山和水更是別有格調。非常感謝你的付出，真有天分。」

我連忙和他握手，親了左右臉頰。這位攝影師身上還有淡淡的古龍水味道，很像小姑喜歡的 Tea Ross 香水。每一位小姑的恩人事無大小、各司其職的幫助完成這個項目，每個人都是帶著欣賞之情和帶著愉悅的心，心甘情願地在貢獻所長，然後命運安排他們今天一一出現在我面前，好讓小姑借著我的口親自道謝。

在前往小鎮觀光街道的途中，我從背包裡拿出了餅乾和麵包。不再年輕，要避免血糖低，只好不顧吃相，很快地吃完抹乾淨嘴角，以免被人笑話。偷吃完，我立刻跟上隊伍，一個人走得很快的塞恩斯先生穿過一些修路的路障，並沒有發現我在後面已經填飽了肚子。

「Jessica，來這裡，我給你介紹一個朋友。」

他大喊著，我真為他的好體力感到驕傲，而且還是在沒有吃飯的情況下。

「來了，大哥，我來了。」經過半天相處，我已經開始喊他大哥。

「這是我們法院的警衛人員佛萊多。你知道谷哥地圖吧？他幫助我們把『三毛之路』放上了谷哥地圖上，這樣很多旅客就能根據地圖找到我們，是不是很棒呀？」

塞恩斯介紹著他的朋友，並把手搭在他肩上，應該是感情很好的兄弟倆。

佛萊多又是一個高大的西班牙人，他穿著淺藍色的法院警衛制服，頭髮不是很多，鬍子刮得很乾淨，站在他旁邊很有安全感。

「你好，佛萊多。真是感謝你，小姑要是知道她上了導航地圖一定好高興。她最喜歡嘗試新事物，你給了她在地圖上露臉的機會。」

我發現自己來到這地方說得最多的就是感謝再感謝。佛萊多所做的一切讓這個文旅項目推進了很重要的一步，沒有他，人們很難找到當地政府細心規劃的「三毛之路」。佛萊多不只守護了當地法院，也守護了「三毛之路」。

我們繼續走在觀光一條街上，兩邊很多高矮差不多的白色、紅色和土黃色建築，大部分都是一樓賣紀念品或糕餅，二樓是住家，常常也有人從窗戶裡探出頭往下看，和樓下路過的人吼著聊天嘻笑。處處透露出一種自然的平凡，不求繁華多變，只求簡單的快樂。你說不出這裡有什麼舉世無雙的特色，卻在一步一腳印中吸引你的靈魂，難怪小姑和荷西姑丈當時選定在這裡定居，它的寧靜給了小姑每天早晨起來的陪伴和夜晚入睡前的安穩懷抱。想起曾聽小姑說過一個比臺北安靜一萬倍的西班牙小鎮，靠近海邊，那裡的人很樸實，很多人都認識她這位亞裔女子，現在想想應該說的就是這裡了。走在街上隨時都能碰到朋友，街頭巷尾都有可能聽到有人喊你的名字。

小姑從這裡帶了一件在海邊穿的衣服回臺北的家。那是一件米白色無袖洋裝，很輕很舒服的材質，有著紅黃相間的花色，沒有束腰，裙擺自然垂下。有一次我在小姑的衣櫃裡玩耍，看到過這件看起來像是度假時穿的衣服。我特別喜歡偷偷聞一聞衣服上陽光和海洋的氣味，幻想和小姑一起來到這個海邊，任性地把自己晒得紅紅的。小姑每次看到這一幕，總要大笑，笑我天真地分享她的回憶，卻從沒經過她同意。有一次我們去小姑在臺北近郊翡翠灣的海邊小別墅玩，我刻意提醒小姑要帶上她的這件度假戰衣，她還是沒有帶。現在站在這片土地上的我才恍然大悟，也許她捨不得讓另一片海掩蓋了拉帕爾馬島海邊的氣味和回憶。

「Jessica，現在我們去你小姑的家，也就是你今晚要住的地方，給你留了你小姑住過的房間。」

塞恩斯先生忍不住劇透這次的貼心策劃，還衝我眨了下眼睛，難掩鬍子下的笑意。我雖然驚喜這個安排，但一上車還是沒忍住疲倦，立刻就睡著了，都怪這裡的悠閒氣氛太適合幸福地慢生活。小姑選的家，讓我沉醉其中。

作者和「三毛之路」攝影師馬丁

作者和法院警衛佛萊多（中）、紀錄片導演王楊（右）

一九七六年十月二十日

爹爹，姆媽：

首先報告你們好消息，荷西有工作了，今日送他去機場，已去上工，如果一切沒有變化，那麼今日開始上工，在另外一個島上，做海底電纜的裝配，有五萬四千一個月，就是九百美金一個月。這個島很荒涼，在我們 Las Palmas 島的上方，他去的地方更荒涼，所以我留下來，他獨自去……

妹妹上

——《溫柔的夜・書信（加那利・臺灣）》節選

逍遙二島遊：荷西之憶——拉帕爾馬島（下）

一九七九年六月，小姑和荷西決定搬到拉帕爾島是因為當時荷西在這裡找到一份工作，負責在海裡清理和維修一個海底工程，至於具體是什麼工程就沒有人清楚了。他們來到這個美麗又神祕的小島後，立刻愛上了這裡，深深被這片海和熱情的人們吸引。

我在睡夢中抵達了小姑和荷西搬遷至拉帕爾馬島時落腳的小公寓——羅卡瑪律公寓。這是一個位於海邊的老公寓，並不特殊的水泥色建築，也不是什麼高樓大廈，就靜靜地站在海邊。大老遠就能看到這間公寓側面的壁畫，畫裡是一個美麗的望海女人，還大大地寫著公寓名稱。屋主應該很愛這片海，這公寓就像岸上的燈塔，守護不停想上岸的浪花，也看著遲歸的海員。

公寓門前的道路並不寬，車流量也不大，大部分都是行人閒散地漫步於公寓和海岸之間。我在公寓大門口下了車，人還有些迷濛，分不清是夢裡小姑的家，還是她在異鄉真實的棲息地。

「就是這裡，這裡是你小姑當時和荷西一起租的公寓，他們在這裡住了三個月，直到荷西離世。」

塞恩斯先生沉穩的聲音透露出他提到荷西離世時的謹慎。雖然我並不多心，但也感謝他的細心。

我們走進了公寓一樓的樓梯間，空間不大，燈光也不是很亮，裡面異常的安靜，沒有一般酒店大堂的喧鬧。我們走了幾段階梯來到二樓，樓梯口是一張小小的木頭書桌，桌上放了很多英語和西班牙語的旅遊書，介紹當地的旅遊資訊，還有久違了的紙質地圖。右邊是個小小的電梯，靠電梯口的房間門是開著的，我瞥見裡面有一家的西班牙人，他們也朝門口望向我們這些黃皮膚的訪客。

我們跟著賽恩斯先生往左邊走進去，經過長廊，來到一個有著橘色玻璃牆的房間，應該是所謂的前臺，負責登記入住的地方。賽恩斯先生一手把滑動式的門往左邊拉開，並用西班牙語對著坐在前臺的那位大約十八九歲的男孩大聲說了幾句。我聽到「三毛」兩個字，那男孩露出微笑朝我這兒看了一眼，又有些不好意思被我發現他的目光。

我又朝房裡看去，這是一個暖色系的房間，牆是橘色的，設計很有拉丁風格的。男孩的桌子在一進門的左邊，右邊有一個復古的電報機，上面放了兩本書，一本黃色，一本紫色，分別用西班牙語寫著 Diarios Del Sahara 和 Diarios DelLas Canarias。兩張三毛的相片對著門口，下面的鍵盤上放著兩本「三毛之路」的官方文宣品，封面上也有三毛和荷西朝著天仰望的畫像。四本書整齊地陳列著，應該是歡迎華人同胞的善意。

羅卡瑪律公寓前的海景

這兩本小姑的書被翻譯成她第二家鄉的語言——西班牙語和加那利群島的方言，第一本講述撒哈拉的故事，第二本講述加那利島的生活，兩本書都頗受當地讀者喜歡。這裡的整體擺設讓我想到二〇〇〇年初和幾個同學到加拿大東部旅遊，住在背包客常住的青年旅社，也是這種簡樸又輕鬆的調調。

「你好！」我主動和男孩打招呼，以化解我假裝不知道他偷看我的尷尬。

「你好你好，剛剛聽說了你是三毛的家人，很高興見到你。」他靦腆地回答。

「是的，我父親是她的大弟弟。」

我瞭解他的疑慮，很多人都問過我和三毛的關係，現在我通常會主動說明。我們握了手，他也順勢給了我鑰匙，上頭寫著「三〇六」，我的幸運號碼恰好是三和六。

「這是你小姑的房間。就是這間房，他們住了三個月。」塞恩斯先生滿意地笑看著我。

那是一間在三樓最裡面，面朝大海的三臥室房，空間非常寬敞，傢俱很簡約。一進門是客廳和一大面

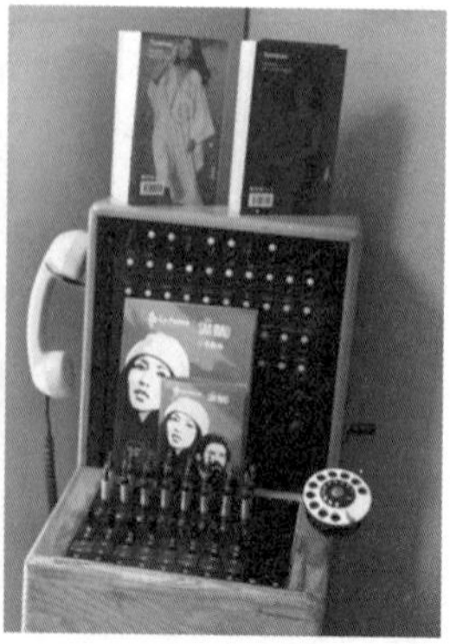

公寓前臺的擺設

敞開的落地窗，紅色的薄窗簾迎風飛揚，外面有個小陽臺，放了一張戶外椅。海浪「呼呼」地使勁拍打沙灘，非常大聲，好像生怕我們忽略它的存在，海無處不在，小姑也是。當年她是不是也坐在這陽臺上看書、看海，每天等待丈夫回家？是不是整個房間裡只有有恃無恐的海浪聲、她小心翼翼翻書的聲音和她焦急的心跳聲？

進門右邊是一間不算大的廚房，裡面廚具齊全。左邊是走道，往裡有三個臥室，主臥在第二間。

「這是小姑和荷西住的房間嗎？」我問塞恩斯先生。「是的，但是床和傢俱更換過。」他回答。

房間裡放著一張雙人不算大的床，牆邊有個木衣櫃，對著門的是一面開著的窗，還是以海做背景。而我今晚將在這個房間裡和小姑夢中相會，聊聊她的拉帕爾馬島。

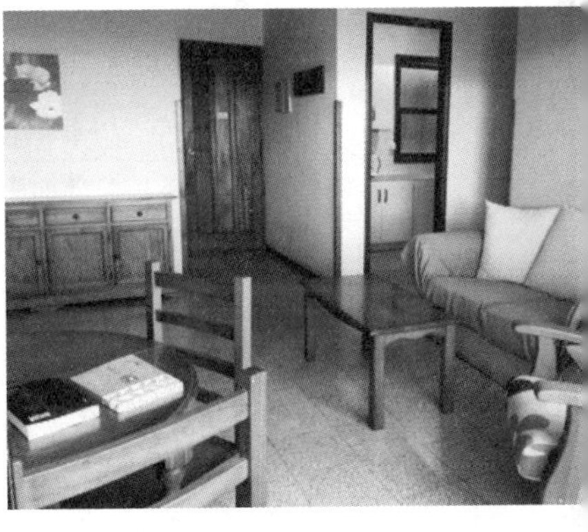

夜晚來臨之前，我們還有幾個地方要去。放下行李，我們又再次啟程，和小姑的私聊約定只好再等等，但是肚子真不能等了。

下午兩點，我們終於來到了一家「三毛之路」上的景點餐廳——盒子酒吧。這是一家在海邊的餐廳，面積不大，很明亮。我還沒有踏進門，就聽到齊豫姐姐熟悉而清亮的聲音：「不要問我從哪裡來，我的故鄉在遠方，為什麼流浪，流浪遠方，遠——方。」我本以為是誰的手機中放的音樂，一探頭才知道是老闆特地為我們的到來而放的歌曲。

老闆是一位清瘦的帥哥，名叫莫哈門。他似乎早就和塞恩斯先生安排好一切，在我半隻腳踏進門前一秒不差地播放了音樂。站在吧臺後的他豪邁地微笑著和我們打了招呼，好似終於等到久違的故友。他讓我們坐在門口的位置，我一眼看到牆上有列印出來的小姑的照片。牆上的電視播放著《橄欖樹》的音樂錄影帶，還附上了歌詞，我們忍不住輕輕地跟著唱起來。

「這是你小姑以前常來的餐廳，她會在這裡用餐，和餐廳老闆聊天。」塞恩斯先生說道。

「這位老闆很年輕呀。」我看這位年輕人怎麼算都不會是當時的老闆。

「當時的老闆是莫哈門的岳父。」塞恩斯先生看出我的疑惑，立即解答了我的疑問。

「來，嘗嘗。」莫哈門遞上了一盤魷魚說道，「這道菜叫作『三毛魷魚』，你小姑喜歡吃的魷魚。」

他的五官深邃，留著一點深色的鬍子，配上深褐色的頭髮，顯得非常有男人味。

盤子裡是四片像蔥油餅的東西，盤子邊上用蛋黃醬寫著「San Mao」，還畫了一個愛心。我雖然很餓，但還是很不捨得吃它。小姑愛的魷魚，她常來的角落，這裡有她要

盒子酒吧

作者和盒子酒吧老闆莫哈門

作者和法蘭克斯

的舒適和自在，還有她期盼回家的男人。

「你好，塞恩斯！」

一位打著領結，穿著正經的男子帶著微笑出現在餐廳。他頭髮全白，鼻樑上戴著跟他的臉比起來顯得很小的眼鏡，深灰色的毛背心裡是紅條紋的襯衫，下面配上黑色牛仔褲。

「你是三毛的侄女？你好，我是法蘭斯克。我小時候認識三毛。」

他馬上走過來和我握手，開口第一句就認證和小姑的友情。我趕緊站起來。

「你好，你是小時候見過我小姑嗎？在這個餐廳？」我也迫不及待地問起他們相遇的經過。

「不是的，在對面城堡的門前，一棵樹下。」他指著對街的一個小城堡和一扇拱門繼續說道：「每天下午她都坐在城堡右側的那棵樹下看書，不太和人說話，就是等荷西下班。我父親當時負責管理那個城堡，所以我小時候常在那裡玩，總是看到一位東方女子坐在那兒，慢慢地從好奇到習慣。你小姑不喜歡被打擾，我們也只是點頭問候。」

他說話時英語夾雜著一點西班牙語，還總是手舞足蹈，偶爾縮一下脖子、抿一下嘴，我喜歡他的喜感和可愛的表情。我請他帶我去看看對面那棵樹，接著為了離小姑更近，我們決定把桌椅餐具還有那盤「三毛魷魚」七手八腳地搬過馬路，放在那棵樹下，硬是在樹下野餐起來。小姑的樹，那棵樹天天在她背後守護她的喜怒哀樂，做她的依靠。

直到荷西走時，小姑再回來望向這片海說道：「這片海沒有你了。」而這棵大樹仍然像父親一樣承受著女兒的悲哀，默默吸收她的喜怒哀樂，也見證著靜靜在旁觀察的鎮民，很多偷偷留下的記憶，以及跟隨她足跡而來的我們。

用完午餐，我們來到一個叫作聖克魯斯島博物館的地方。這是一個介紹島上鳥類歷史的博物館，當時正在進行拉帕爾馬島五百二十五周年的特殊展覽。

「這個博物館裡有一個三毛的展示廳，表達了我們對你小姑的想念和讚許她對文化交流的貢獻。」我們稱職的觀光局導遊塞恩斯先生不等我問起便主動說明。這是一個布局很像中國四合院的建築，四周有白色的矮建築，中間就是空蕩蕩的廣場，整體設計很直接了當，卻別有氣勢。

我在一個轉角看到了熟悉的

聖克魯斯博物館裡的
三毛展示廳

面孔，一張從天花板到地板大小的小姑海報。她發亮的黑色長髮直直垂下，眼神堅定而溫柔，並沒有大大的笑容，非常淡定沉穩，仿佛靜靜地等著所有來看她的人。

「我的小姑太了不起了，在這個異國他鄉，政府為她建了展示廳。」我很是驕傲地說。

好不容易，從小姑的眼神中移開，我才看到整個展示廳是很東方的紅色系，三面的牆都是紅色的卻不突兀，也不太顯豔麗。左邊的牆上是三張小姑的生平簡介，深色的字體西班牙語和中文印在泛黃的紙上，有種肅穆的文藝氣息。

第一張是小姑的照片，還是我們在大加那利島上的三毛公園裡看到過的小姑頭髮飄逸的那一張，下方寫著：西班牙的中國作家。中間那張是荷西在我們下午看到的教堂前餵鴿子的照片，下方寫著：三毛和荷西在拉帕爾馬島。另一張是拉帕爾馬島的照片和簡介，寫的是：三毛及荷西在書中的拉帕爾馬島。三幅簡介完整介紹了三毛、荷西與拉帕爾馬島的緣分。

右邊靠牆有一個玻璃櫃，玻璃上印著小姑的文字，中文、英語，當然還有西班牙語，講述了小姑和荷西來到拉帕爾馬島的感受，下面是小姑喜歡收集的石頭，一一挨著躺在玻璃櫃裡。

「我感到小姑在看著我們呢！好像有什麼話想說。」當我和小姑四目相交，我忍不住說出心裡的想法。

「她可能是在說你終於來了，她想你們家人了。」大鬍子的塞恩斯先生其實有著柔軟的心，總是能說出我的遺憾。

我有些不敢直視小姑的眼睛，那雙充滿歷練和故事的深邃眼睛。我的童年從她的眼裡讀世界，現在我身體力行她的心願，千山萬水來到這裡，好好看看這個她愛的島。

「你好，我叫曼紐爾，拉帕爾馬島等你很久了，我們終於見面了。」

一位西班牙男人朝我走來。他穿著藍色的帶長袖帶帽衫，配上深灰色褲子，頭髮不是太多，是一位很親切的人。

「你好，您是這展覽的策劃人嗎？」我迎上去詢問。

「我有參與一部分，事實上上個月塞恩斯先生寄給你的一本關於你小姑的書，就是我寫的。目前只有西班牙語，很快我們會找人翻譯成中文，到時候再給你寄過去。」曼紐爾帶著淺淺的笑意說起。

「是那本書呀！我收到了，雖然看不懂西班牙語，但我也翻了一下，看起來不錯，書上有很多珍貴的照片。謝謝你認真地寫作，我完全瞭解你為此花了很多時間。」

我真心佩服，曼紐爾先生則靦腆地笑了，真是一個有點害羞且不善言辭的文字創作者。我們又聊了這項目的推廣方案，然後擁抱著互相道謝。他已經是我今天遇到的第六位參與「三毛之路」的西班牙友人，還有那些沒遇到的朋友，我都要一一認識，再好好致謝。

作者和曼紐爾先生

接下來的一站，我知道會是一個終點中的終點，對這次旅程和荷西的人生來說都是最終站了——荷西之憶，也就是荷西消失的海。

小姑在《逍遙七島遊》裡說過這裡是「芭蕉之島」，當時透過文字我的想像是到處有小販在街上賣芭蕉，或者是芭蕉特別便宜，還是有特殊的芭蕉製成品。沒想到卻是我在去終點的路上處處可見芭蕉的原型在路邊向我招手。我們打開車窗，聞聞這

「三毛與荷西文學觀景台」路標

石凳上仿照荷西失事時穿著的蛙鞋製成的鐵蛙鞋

一整片的芭蕉園，味道並不濃，只聞到淡雅的愜意。這幾年我的每次旅行都被出差的成分打擾，甚少有單純的度假性質。這股度假的氣味我只能暫時收藏，希望以後來這個美麗的島待上一整個月，穿著短褲、拖鞋在街上隨意亂晃，像小姑一樣在樹下看書、寫作，在石頭上作畫。

西班牙最近幾年成為華人來歐洲最喜歡的目的地前三名。很多華人對西班牙的瞭解是因為三毛，很多西班牙人認識中國文化也是因為三毛。這層關係溫柔地把兩國人民連接在一起，彼此願意認識，再互相瞭解，甚至有位西班牙友人很得意地給我看手上「三毛」中文字樣的紋身。看，那裡有個中文牌子，寫著三毛。我大叫。

「哈哈，你看到了吧！」塞恩斯先生得意地點點頭。

那是一個立在路邊，很醒目的巨大藍色路標，上面有一個老式相機的圖案，寫著兩行西班牙語，下方是熟悉的中文：三毛與荷西的文學觀景臺。這個地標標示了荷西消失的那片海，也就是在「三毛之路」項目裡被稱為「荷西之憶」的海邊紀念公園。

我興奮地要求：「停車好嗎？我要在這裡拍張照片呀！」不懂英語的司機大哥不知怎麼居然聽懂了我說的話，立刻把車停在路邊。

我很快打開車門往前跑，抓著塞恩斯先生說：「快，幫我拍一張，西班牙的中文

荷西之憶裡的雕塑

雕塑下的青磚上刻著三毛的詩歌

路標。」

他為我的孩子氣感到好笑，幫我多拍了幾張。我就像其他華人觀光客一樣在這裡打卡，也給小姑的地標落個腳印。

一轉彎，經過一個燈塔，我們就來到了終點。車停在一個較高的廣場，往下走就是那片我這輩子看過的浪最高的海岸——心裡的巨浪讓我很是忐忑。

「荷西之憶」在靠近停車場右邊的位置，那裡有當地設計師胡安・阿爾貝托・費爾南德斯以三毛和荷西的愛情故事為靈感設計的藝術雕像。中間是三根下粗上細的半彎曲鐵柱，它們在空中交匯，象徵三毛。地上有八隻石頭鳥，代表小姑喜歡收集石頭的愛好，也是小姑喜歡自由的心，同時象徵一群孩子陪伴著孤單的她。

三根鐵柱的對面是一把石椅，椅子右側有一個鐵做的蛙鞋和蛙鏡。

「這是我們依照當時荷西出事時穿的蛙鞋和蛙鏡和大小，以實物拓出的模子製造出來的，你可以看到上面的磨損痕跡都是模擬的。」塞恩斯先生說。

我沒出聲，一個人在椅子上坐下，撫摸這蛙鞋。想起前幾天在馬德里見的荷西家人，還有當時被取下這蛙鞋和蛙鏡的荷西姑丈，以及早已泣不成聲的小姑。

「對面的海就是荷西出事的地方是嗎？」坐了幾分鐘，我輕聲問塞恩斯先生。

「是的，就是那個方向。三根鐵柱的三毛，望著荷西的海。」塞恩斯先生避開我的眼神回答。

一九七九年中秋節，爺爺奶奶到訪並和小姑一起去英國時留在島上的荷西卻獨自去了另一個世界。小姑在《夢裡花落知多少》寫下了淚流成血的告別：「埋下去的，是你，也是我。走了的，是我們。」

西班牙政府建的紀念公園讓他們在這裡重逢，從此幸福地在一起。此時此刻我說不出話，只想靜靜地看著海浪以勝利者般的姿勢狠狠地拍打著岸邊。我不禁想問這海浪，是否為那次的任性感到後悔？

我帶著淡淡的憂傷回到小姑和荷西居住過的公寓。剛到前臺，一個成熟男子的聲音突然出現。

「你好，Jessica。我是荷西。」

我驚訝地轉頭，一位中年男子穿著黑色皮外套、粉紅襯衫和牛仔褲，站在我面前微笑。

「他是這間公寓的老闆，你小姑在這兒住時很喜歡年幼的他，常常給他糖吃，還一起閒聊。」塞恩斯先生連忙介紹我們認識。

「你也叫荷西。你好，你好。」

剛從「荷西之憶」回來的我一時不能相信。我們握著彼此的手，我為他替我們留出小姑當年住過的房間，以及年幼的他給小姑的溫情向他道謝。能和他見面我萬分欣喜，這又是一次小姑安排的遇見。

那年的那天小姑一個人在家，荷西姑丈還是在忙著海裡的工作。這位當年的小荷西，現在的公寓負責人，和一群孩子在公寓大堂裡嬉鬧。正準備去郵局的小姑一下樓就被這群孩子團團圍住。

「你昨天給他糖吃，我們也要，也要糖。」

幾個孩子不肯放過小姑，小姑也沉浸在被孩子包圍的快樂中。

「好好好，我這就去買。」

小姑好不容易脫身，在外晃蕩一下午後，傍晚才回到公寓。

「你的小夥伴呢？不是要我給糖嗎？不記得了？我可沒忘呀！」小姑對小荷西說道，伸手到背包裡拿下午特地去買的糖果。

「他們回家了，這裡是我家。」小荷西回答。

「你去哪裡玩啦？那麼晚回來？」他問起小姑，像大荷西一樣的口吻。

「我去郵局給家人寄信。你看，他們給我寄的信。」小姑得意地和小荷西分享收到家書的喜悅。

「好漂亮的郵票，可以給我嗎？」小荷西用天真的眼神看著這位東方女子，誰會忍心拒絕他的請求。這個西班牙小男孩，長大後是不是也會是個愛海的陽光男孩？有一天你會碰到你的三毛，她會陪你看海，你們會有自己的家庭，可能也會去撒哈拉沙漠。小荷西拿了郵票，開心地跑上樓，頭也不回，完全不知道這個女人深愛著一個也叫荷西的男人。小姑回到房裡，繼續等著大荷西回家吃晚飯。

那晚，海浪還是毫不客氣地大呼小叫，我卻睡得很好，好像被小姑環抱著、祝福著。我沒有神奇地夢見小姑，卻在陽光中自然甦醒，那是如同荷西姑丈般溫暖的陽光。我想小姑和荷西姑丈並不希望我們擔心遠方的他們，他們希望我們借著「三毛之

作者與小荷西

路」，延續他們給西班牙的愛和對中西文化的尊重，天涯海角的這份親情已化成心底的使命感和安全感。想念是對他們的情，實踐是腳下的路，他們和我一路同行。

吃完早餐，塞恩斯先生來送我們去機場，路上他又給了我一個驚喜。車停在了一個郵局門口。

「當時你爺爺奶奶陪小姑回來處裡荷西後事時，因為不想麻煩已經悲痛欲絕的女兒，兩位老人家自己摸索著從公寓走到了這個郵局。這裡也是你小姑平常寄信的地方。」

他的話沒有過多形容詞，我心裡卻有很多不捨。拉帕爾馬島是這次旅程的終點，也是故事的開端。多少人因為三毛與荷西而來，他們的故事，他們的人生，像芭蕉葉一樣搖曳起舞，像海浪一樣勇往直前，最終都將是這個小島的另一篇章。

肆

她不在的日子

文青養成記

愛的再尋求

一個男人的愛情

寫作，便如建築，結構是一個部分，建材是另一部分，外觀又是一個部分，缺一不可。這也就是肌理、文理和神理三個寫作的基本要素，而這其中，都是生命。

……

你的年輕和興趣，就是寫作最大的本錢，很可惜我們只是紙上筆談，無法交換更多的心得。謝謝你的來信。

三毛上

——《親愛的三毛．寫作不難》節選

文青養成記

「我看你小姑的書是在高中的時候，班上同學傳閱的。」

「我第一次看了《撒哈拉的故事》之後，就用了所有零用錢買了所有她的書。」

「長大後我開始走遍世界，追求自我，都是受了你小姑的影響。」

這些都是好多好多三毛的讀者發來的資訊，或者是當面握著我的手說的話。我知道小姑的人生影響了很多人，也很確定這個影響會一直持續下去。我的一位好友饒雪漫，就是一個很好的例子，她「唯二」的偶像就是三毛和齊秦，她用生命來實現她對偶像的愛，用她的才華把偶像的影響力再延續拓展。

二〇一八年十月，我去了一趟洛杉磯。回來幾天了，不情願地回到現實生活，趕著工作和一堆眼前必須完成的苟且。感恩節過後的溫哥華天氣轉冷，我趕著出門忘了加衣有些後悔。我開著車，睡眼惺忪地一眼望向遠方，北溫哥華的雪山也快進入滑雪季了，一年四季總是毫不留情地往前衝。人在工作的路上，心裡還想著那次惺惺相惜的遇見。

「山上有人住嗎？」一個隨意又慵懶的聲音突然在耳邊出現，還帶著標準的北京腔，雖然她不是北京人。

她是一個求學時上地理課不小心碰到體育老師代課的可憐人，溫哥華到洛杉磯兩個半小時的航程，她硬生生以為我飛了一整天，穿越半個地球來看她，還亂感動了一把，我也就聽聽不說破。

飛機一落地，我打開微信，興奮地叫了一聲「我到了！」一路走到行李傳送帶處，等著她的歡迎詞或至少關心幾句是否順利。誰知等來的卻是一句「你會不會裝印表機？」就這樣，一周的奇妙旅程就在這第一個任務中莫名其妙地展開。

作者與饒雪漫

每次聽人說什麼上輩子下輩子註定的緣分或是前世今生轉世的說法，我一概不信，也沒特別體會，覺得可能就是很多巧合或是相處久了的默契吧！我有個雙胞胎姐姐，「你們會不會有心靈感應」這種問題已經被問過不下幾千次，在我看來也就是一家人的習慣相近，自然形成，沒什麼特別，也不太喜歡一直被問。

她倒是挺信的。

微信上聊天總覺得她是個古靈精怪，頭腦很快的聰明人。我們每天有一搭沒一搭地聊著，常常都是開開玩笑地輕鬆對話，或者是她最喜歡的鬥圖，我也因此下載了很多貼圖以應付我們一時的童心。沒有時差、隨時隨地的留言，有時候是在她要上臺路演前，有時候是在我幾個會議中間的空檔。身邊的人都以為我們在談文學、談創作，其實聊得最多的還是我的小姑，她的偶像。

我選了她家附近的酒店，走路到她那兒也就五分鐘，開車兩分鐘。她總是說一腳油門就到了，說聲再見就要開門下車了。因為常常出差，洛杉磯對我來說已是很熟悉的地方，我自己叫了車過去。經過兩小時的塞車，相當於搭飛機的時間，我終於到了酒店。

「你何時來呀？我現在走過去接你吧，幫你拿給我的禮物，就經過一條河是吧？」她來了微信，我正手忙腳亂地拿著房卡進門。

「等等，給我十分鐘緩緩。我等一下在樓下等你。」

我很快地把送她的禮物從行李箱裡挖出來，一整套的《三毛全集》非常沉重，我裝在禮物袋裡，扛著下樓。

她已經在酒店門口等了，那麼嬌小的身軀怎麼幫我拿禮物。見面時她比較靦腆，打招呼、擁抱時也有點僵硬和害羞。雖然後來她說一切都是我的幻覺，我還是相信這是個既調皮又內斂，有很多面的有趣靈魂。我們一起走過了那條她稱之為「河」的大水溝，暢銷作家就是能化平凡為詩詞，化水溝為河流。

她在洛杉磯的公寓比起她北京的家並不算大，全新公寓，環境很好，沒有太多的車流和嘈雜。幾天前，我還收到她半哭半求救的資訊，說公寓裡沒任何傢俱，鍋碗瓢盆都要一一去買齊，她已心力交瘁。我對她生活能力的不足感到詫異，也對她的真實增加好感。今天一進門，我發現桌椅、沙發、電視等都已經就位，連拖鞋都幫我準備好了，想必花了不少時間和精力吧！她忍不住拆了禮物，把《三毛全集》攤在木頭長飯桌上一一翻閱。我在她新買的淺灰色沙發上坐下，想好好喘口氣。

「你幫我看看印表機怎麼回事吧？」她一邊翻著《滾滾紅塵》，一邊下了指令。

「你這是從溫哥華拉了個維修員來呀？你要請我吃日本料理。」我不情願地說，身體還是站起來走向書桌。

「晚上去吃西班牙菜，日本料理是明天。」她慢慢地說，刻意避開我前半段的問句。

我在網上搜了印表機的安裝操作方式，一下就搞定了，她第一次對我投來崇拜的眼神。

她最喜歡坐在家裡那個無腳的小沙發上，說是沙發送來時忘了送四個腳，她也就算了。那個沙發小的只有她能擠進去，我不服氣地試了一下，果然很不協調。她專屬的東西真的只有她能駕馭，就像她的文字沒有第二人能模仿。

我們花了很多時間慢悠悠地聊天，每天沒什麼目的，就是在一起讀過幾天時間。有時候在咖啡廳一待一個下午，她拿著一本三毛的《請代我問候》，我抱著她的《雀斑》，一本暫時沒有結局的書，和人生的書本一樣。我不怕，就走著瞧吧！她吃力地看著豎排的繁體字，我也學著看橫排的簡體字。她拿著書，興奮得像發現黃金一樣地拉著我說：「你小姑一九八四年在洛杉磯給丁神父寫信提到已在洛杉磯待了幾個月，你看吧！是你小姑把你帶來我身邊的。」

我認命地笑笑，繼續進入她的小說中。

二〇一八年的此時此刻，我們正在這個花很多車程時間才能出門的大地方。小姑當年來的時候，這裡沒有很多華人，沒有中國餐館，也沒有 Uber，想必更是不便。

在商場裡，她總是使喚我幫她問到哪兒買東西，在哪兒等 Uber。她在平價的年輕人服裝店逛得不肯走，找個滑鼠墊可以花一個下午，但我們很開心。她喜歡穿各種款式木棉袈裟，很舒服，不過在美國看起來卻有些突兀，可自我感覺超級好的她也不理會。我們努力自拍出美國大學風混搭木棉袈裟神祕風的紐約時裝周調調，她笑得像個小女孩，不過她本來就是個讓人自動自發去寵愛的小姑娘。

她很喜歡懟我，但是我喜歡被她懟。她的思維方式也總是不左，不右，也不是中間，不知道是三維還是四維的。大部分的人說她很感性，我倒覺得她的思考邏輯跳躍得誰都跟不上，極致的時候還會再偷偷帶上一句關心和貼心。

一次海鮮大餐的晚餐中，我忙著張牙舞爪地啃著螃蟹，她卻盯著外面街頭表演的藝人，擔心人家沒吃飯在外面站一晚，又沒人給錢，還說要去給那人一點錢，又怕人家先走了。吃完飯我一轉頭，已看到她用不太長的腿飛快地跑去那個表演藝人腳下的投幣箱裡投下一團紙鈔，投了多少錢她自己也不知道。那一幕，我彷彿看到一位善良的女巫，灑下溫暖的魔法。

饒雪漫兒子為作者和饒雪漫拍攝的照片

一張前景有兩個日本料理的茶杯是我倆的照片，是她的天才導演兒子拍的，她取名為「兩輩子」。第一天幫她裝好的印表機，也沒見她用過，倒是替我印了張回程的登機證，可能是她知道我的習慣，事前幫我預備好的。幾天後，我上了來接我去機場的車，回頭透過後車窗又看到她有點不知所措的表情，和第一天見面時一樣。抵達溫哥華，一下機微信又跳出一張她的晚餐，吃了我最喜歡的玉米。現在我信了，兩輩子才遇見的知己、玩伴，失聯的上輩子，用下輩子補上。

每次在車上看到遠山，她總愛問「那山上有人住嗎？」饒壞壞，下次帶你看溫哥華的雪山，大約是要等到冬季了。

這個文青，小姑的不銹鋼粉絲，後來重

溫了《滾滾紅塵》的書和電影，然後不斷修改她的創作劇本。半年後她帶著電影回到了洛杉磯，我也有幸見證了電影人倒時差拍戲的超人日常。

雖然我不算是走遍萬水千山，卻很享受每個城市留給我的個性化回憶。我們住在溫哥華的人會在寒冷的冬天迫不及待地往南方跑，陽光眷顧的加州一直是首選。這次在二〇一九年春天到訪，卻遇見意外的驚喜。

洛杉磯在我看來不算是山明水秀、顏值爆表的城市，也不是歷史悠久、文化底蘊很深的地方。可短短半年，我卻來了兩次，為了同一人，一個不斷和我聊小姑的人。

我與電影的緣分可以從小時候說起。小學時，我被爸爸媽媽帶著去看瓊瑤阿姨的《一顆紅豆》，片尾那顆一直不停自轉的小紅豆配著我的偶像帽子天后鳳飛飛的歌曲，焦點漸漸模糊，至今我還念念不忘導演的創意。多年後，小姑在開始寫《滾滾紅塵》之前，就常和喜歡吃爆米花勝過看電影的我和姐姐提起當時漸漸興起的臺灣新銳電影風格。《小畢的故事》、《假如我是真的》、《搭錯車》……部部強調寫實和小人物的情感，不再追求俊男美女的夢幻甜蜜。當時我雖然不懂什麼創作風格，卻很喜歡小姑找到新興趣的喜悅，看她比手畫腳，認真演繹，像個小女孩。當時我迷戀的是美國片《外星人E.T.》和《回到未來》，八〇年代的中西電影確實是百花齊放的盛宴。

一九九〇年《滾滾紅塵》面世，我與電影的距離就只是一個電影編劇的距離。

在奶奶家的飯桌上，常常聽到小姑興奮地說著韶華與能才的情愫和戰亂的無情，交織著我們這些俗人對著大魚大肉和當日菜價品頭論足的雜音。

「快吃吧，別再想什麼在陽臺上跳舞了，風那麼大，小心感冒。」奶奶擔心小姑光顧著說話，忘了吃飯。

「小姑，電影上映時我能不能請同學去看？你要給我免費票哦！爸爸沒給我多少零用錢。」

我的電影知識就是在一陣飯香味的薰陶下和小姑的苦笑中增長的。

四月的洛杉磯意外地冷，不知道為什麼上帝沒賜給我們期待的熱情陽光，他總有他的道理。

「明天拍什麼戲？」剛下飛機和雪漫一起吃了湘菜，回程車上我問了一句。

「墓園的戲。」可憐的她因為在飛機上沒睡好，累得半死沒好氣地回答。

這部「一首歌、兩代人、三座城」的電影《大約在冬季》的大部隊，馬不停蹄地從臺北殺到了電影聖城洛杉磯，準備在此畫上漂亮的句點。我有幸見證。

算上上次去西班牙荷西姑丈的墓園，這已是我兩周內第二次造訪墓園。清晨六點出門的我們算是晚的了。聽說劇組一早五點已開工，我一個外行人，敬畏之情瞬間已升到頭頂。我從來就不是隻早起的鳥兒，雪漫更不是。可是今天一見，她卻已經進入工作狀態，不像那個常跟我耍幼稚的萌萌女孩兒。我瞬間佩服得五體投地，心中默默按下肯定鍵，這將是部很有意義的作品。

戶外的場景停滿了大小車輛，擺著一堆叫不出名字的道具和燈架，來回穿梭的工作人員中英語切

左起依次為《大約在冬季》導演王維明、饒溢童（饒雪漫之子）、作者和饒雪漫

換著溝通。王維明導演一身帥氣的灰色運動裝，頭髮抹油往上梳起，臉上的一抹小鬍子多了幾分藝術感，高大的身影忙著指揮。雖然我們在微信上聊過天，可看他那麼認真的樣子我不敢打擾。電影創作在我心裡何其神聖，不可侵犯。他轉身見到我，主動打了聲招呼，來不及多聊就被場務拉去說話了。每個人各司其職，好一個團隊合作、鬥志滿滿的氣氛，我不禁肅然起敬。

被心裡預測的氣溫所騙的我只穿了件薄外套。雪漫看到快凍傻的我，拉我到一部在車隊中自帶光芒，特別顯眼的白色房車上取暖。《大約在冬季》這部電影的女主角，書中「小安」的化身早就屬意馬思純小姐，不做他人之想。我已過了粉絲的年紀，卻早在《左耳》和《七月與安生》中為她的演技和美麗所折服。

平凡如我也得有幾分傲嬌，不能輕易外露見到影后的興奮。奇怪的是，我沒見到什麼影后，只見到寒風中祭拜完丈夫于楓後黯然走上房車的小安，一個優雅的女人，駝色風衣內搭白襯衫，梳起的包頭，眼神中透著善良和靈氣。我俗套地說了句「幸會」，客氣地握了手，初識有點尷尬害羞，因為見到原著書中的女神主播。

電影真是個需要耐心的工作，很多時間都在等待。那些看似閒晃的人，其實是站在那兒打燈，替演員測光，或是確保拍攝不被亂入的路人打擾，確認服裝能連戲，甚

作者和饒雪漫、馬思純、饒溢童

至是安排吃喝、照顧冷暖的生活助理，個個都缺一不可。小安對著道具組做的假墓碑一次次地懷念。在我這旁觀者看來，那已經不是表演，而是真情的表達。王導高標準地要求不同的角度，重來再重來。李屏賓老師大神級別的打光和運境追求至臻至美。這個團隊注重細節，就連地上的一根樹葉都容不得出錯。上億的巨制是每個人一點一滴的執著和付出，一首歌的夢想，正在慢慢實現。熱血早以戰勝墓園的陰冷，來勢洶洶的時差也在一聲「「Action！」中被秒殺。

「這世上所有的死別，都好過生

離。」

西班牙拉帕瑪律島那片美麗的海，毫不客氣的海浪聲，夜夜不停的呼喊，三毛應該是這世界上經歷過很多生離死別的人了。他們曾經愛慕的海，卻無情地帶走了荷西，成就了他們淒美愛情。被留下的人拖著半死的心，身邊的人愛莫能助，再也打不開的心，是不是另一種生離？小安其實是幸運的，在青春時經歷生離，年長時領悟死別，卻最終在和女兒的和好中放過自己。

最後一場戲，我至今依然感到震撼。

那天的場景是在一個典型的北美中產家庭裡。這間種滿了各種花草的獨棟老房子是那位大學教授于楓的家。不算寬敞的屋內擠滿了工作人員，地上鋪了保護地板的膠紙，一條條電線環繞著。書架上擺的中式擺飾和全家福照片透露出美術組的用心，這一切渾然天成就是北美華人家裡的裝飾。

為了不妨礙工作人員，我走到後院。「小安」和雪漫在草地上席地而坐，開心的一家人趁著春天的微風在自家後院悠閒地野餐，靜靜享受終於露臉的加州陽光。

「導演，待會兒是在室內拍那場母女對話的戲嗎？」雪漫問迎面走來的王導，「我覺得這場戲應該在戶外才能表現三座城的特色，也和之前齊家父子的室內談話戲做區別。每個城市的空氣中都有獨特的味道，天空也有不同的藍。」

我下意識地猛力深呼吸，一大口氣迅速進入肺裡。聞聞雪漫所說的獨特味道，那是對電影的熱愛的味道，是集體創作的味道，是洛城獨有的味道。

一個小小的身軀頂著蓬鬆的髮型，無懼地在人高馬大的片場穿梭，溫柔平和卻又讓人心服口服。我們常常互懟，內心深處我卻非常欣賞雪漫豐沛的創作才華，討人喜歡的天賦，現在還多了堅持夢想的傻勁兒，當然更心疼她為這部電影付出的心力和健康。

搭好的軌道和電線，一聲令下，立刻拆除重搭。尊重創作的這群人，不苟同、不將就，更不怕麻煩。相信看完原著《大約在冬季》的讀者像我一樣，心裡對故事總會有個自己的藍圖構想。可今天眼前的一切，卻是遠遠超出我想像的完整。這是一場小安和小念母女和好的戲。我越過導演的肩膀，在監視器裡看得偷偷擦掉一把眼淚和一把鼻涕。拍戲我不懂，我只看到一對母女心領神會的交流，沒有多少語言，只有一個眼神、一個癟嘴，一陣看似拒絕的內心喜悅。黃昏在玫瑰花飄香的院子裡寫意地灑了一片橘色顏料，真實地呈現出一個平凡的午後。

一九八七年，聽小姑說起她在做一部歌舞劇，男主角是一匹狼。後來，我坐在第一排看了那齣當時年幼的我似懂非懂的戲碼《棋王》。今天這匹狼的電影在我眼前殺青。

「刻意去找的東西，往往是找不到的。天下萬物的來和去，都有他的時間。」這句話來自三毛的《談心》。

「花開了一半，捨不得枯萎，可惜了……千堆雪已燒成灰。」小哥齊秦的歌聲還是那麼清亮年輕。

「只有你家的雪會燒成灰，你也太會寫情感了。」我忍不住讚歎。

「你小姑那本《親愛的三毛》裡都是讀者寫給她的信，我當年也寫了信，但最後沒寄出。你小姑走的那年，我去看了另一位偶像小哥的演唱會。所以一切還不都是你小姑和我哥哥教的，手把手養成了今天的我。」

北京的夜色裡，她蜷著身體坐在地上緩緩說著。

「你結婚了？」我很意外，因爲沙侖吃住都在這個小店裡。無父無母，他哥哥一家對待他也十分冷淡，從來不知道他有太太。

……

「她現在在蒙地卡羅。」他講起他太太來好似在說一個女神似的。

……

「你在想什麼？」荷西說。

「我在想，飛蛾撲火時，一定是極快樂幸福的。」

——《撒哈拉的故事．愛的尋求》節選

愛的再尋求

三毛的愛情故事至今流傳，我在和小姑的相處中也感受到她是個極度感性的人，總是看到別人的好，教我們對愛充滿感恩和追求的勇氣。《撒哈拉的故事》中《愛的尋求》那篇裡那位沙漠中的沙哈拉威人沙侖，相信很多人會說他傻，執著地就為了一個信念，一個讓讀者看了都不忍拆穿的信念。

小時候不懂愛情，這篇文章也是在小姑走後才仔細讀完，就在剛進大學那一年，青春開始綻放的那一年。安靜的沙侖那幾天一直在我心裡靜靜微笑。如果小姑還在，我會用盡一切方法賄賂她賜給傻沙侖一個讓讀者再次相信愛情的結局。可惜，結局沒有人能改寫，或許他的出走也不是個結局，只是我們永遠不會知道結局的中場暫停。我情願任性地相信他躲在世上的某個角落，幸福地活著，生了一堆孩子，一輩子不會知道有一群中文讀者在遠方替他擔心著。

「天慈姐你好。我叫琪琪，我是你小姑的萬年老粉一個普通的八零後白領。第一次看三毛的作品是在國中，從媽媽的書架上翻到的《撒哈拉的故事》。偷偷告訴你，那本書好像是媽媽的初戀情人送給她的，她背著爸爸偷偷珍藏著，像是珍藏著當年的純純愛戀和逝去的青春。」

我一般幾天才會上一次微博，這條資訊也是在幾天後才看到的。這種開場確實引起我的好奇，也為沒能及時回復感到不好意思，人家真誠吐露心情故事，我卻沒能及時傾聽。

「我是在三毛超話上看到轉發你的微博，很興奮和三毛阿姨靠近了一大步。聽說以前有個三毛信箱，當時我年紀還小，現在也只能把這份情感向你敘述，希望不會耽誤你的時間。」

我其實還是喜歡在忙碌的生活中瞭解小姑粉絲的內心世界，也很感激他們。小姑的文字陪他們經歷了苦澀和無奈。小姑走了快三十年，還有人因為她的文字改寫了人生故事，成就了愛情的追求。

從那天開始，琪琪出現在我腦海裡的次數就隨著通信的頻繁逐日增加。我開始關心她的感情生活，仿佛當年擔心傻沙侖。

「不知道你有沒有一個保護你夢想的人？還是你有沒有試過拼命保護別人的夢想，即使那個夢想只是當年的一句玩笑？」

琪琪的話，我想了一晚。我一直自私地保護自己的夢想，一心勇往前進，專注於目標，常常無情地忘了身邊守候的親人和情人。琪琪一下來了幾封資訊，一時間我來不及看。

「我的他也是個三毛迷，我們是在高中認識的。《愛的尋求》我們很喜歡的故事。我們總在相思樹下一起讀著你小姑的文字，知了在旁邊鬧哄哄地見證我們的歡笑。他讓我躺在他懷裡，我捧著你小姑的書，捧著以爲會天長地久的初戀，多麼可笑的年紀。

去年我離婚了，前夫是我的大學同學，一個曾經愛我卻從未懂我的人，我感謝他十年的陪伴和教會我的人生道理。我們的愛情普普通通，生於青澀的校園，結束於柴米油鹽中的不斷妥協。三毛曾說：『如果愛情不落到洗衣、做飯、數錢、帶孩子這些零散的小事上，是不容易長久的。』而我的愛情就是過不了生活這一關。婚姻是賠上了，人生還要好好走下去。我也是一名文字工作者，從天津來到了北京總公司，繼續過著把現實寄託在文字裡的日子，不是逃避，只是想盡辦法讓自己好過一點，對愛情還是有著期望。」

她的私信暫時停在這裡，我感覺喉嚨裡卡了個花生殼，不礙事，卻怎麼都不舒服。我們大部分人不是生活在撒哈拉沙漠，每天的磕磕絆絆卻像沙漠中的沙，讓我們對愛情的期待和相信滲入很多現實的雜質，一點一滴慢慢乾枯。說來俗套，可誰又能清高地避免？小姑的愛情雖然歷經波折，卻落實在平凡的樸實中。我們身為家人看來感到心疼，卻也知道那是專屬於她的人生軌跡，誰也干預不了，只有在背後默默支持與照顧。沙漠的空，靠愛情填滿。沙土上成的家，好歹也是個家；高樓大廈裡的家，卻常常家不像家，多少男人女人在退無可退的夾縫中懷念曾經的誓言。

三毛是很多人的青春，懷念她時也總難免回憶起當時一起聽的音樂，還有那個呆呆黏在身邊的人。琪琪也是如此吧！

她的信息又來了。

「看到你微博裡的文章提起小姑，總讓我憶起當年的青春，那個對我很好的男孩，那個愛發脾氣又任性的自己，那次錯過的愛情和珍貴的友情。真的很想念他，那個第一個給我眞心的人，那個分開後我才知道愛過的人，那段再也回不來的青春。人生不就是很多的錯過嗎？在人生的關卡中，我總是想起他，我不知道他的近況，甚至不知道他在地球的哪個角落，他會不會在你小姑的撒哈拉！

老家的同學會我也去了幾次，他都沒有來。同學們沒在我面前提起他，也沒人知道我的婚姻狀況，在外人面前我是個幸福的女人，做著一份安穩的工作，走著和三毛截然不同的普通人生。」

我還是選擇不用過多的言語干涉琪琪的分享，靜靜等待她的下篇信息。

「親愛的琪琪，你的故事平凡真實，三毛也是個平凡真實的人。謝謝你的來信，祝生活愉快。」

小時候小姑並沒有和我們小孩子提到很多愛情故事，只是在小學第一次收到情書時，小姑拋了一句「好好珍惜別人勇敢表達的真心」，一旁嚇壞的老爸馬上把小姑拉走。小學生的嬉戲看來胡鬧，後來再想起，勇敢說愛不是卑微的懇求，而是來自充滿愛的自信和懂得欣賞別人的善良，追求愛的過程也是種快樂和幸福。小姑的話一直刻在我的腦細胞裡，隨著年歲增長更加深刻。

再次收到琪琪的來信，因為時差，又是一個清晨。

「在高中英語老師的喪禮上，我見到他了。人群中我看見他，就在他也看見我的那一秒。三十歲的人了，有一定的世故，我們客氣地點了頭，心裡卻不客氣地大喊，就是這個笑容，我的十八歲回來了！晚上吃飯時，同學們拉了個微信群，說是作爲懷念老師的群，可以發些照片留存，再給師母發一些安慰的話。他還是一貫的斯文客氣，卻多了點我喜歡的自信和開朗，群裡的幽默妙語，是以前害羞內向的他不會做的事。原來他剛搬到上海，北上回老家看父母剛好趕上聚會。這個男人應該是某人的丈夫和父親了吧？他值得擁有一個愛他的女人，溫暖的家。

此時我哼起你小姑三毛作詞，林慧萍老師演唱的《說時依舊》：『我是眞的眞的眞的愛過你，說時依舊，淚如傾，家中孩兒等著你，等爸爸回家，把飯開……』

從小自視甚高的我，在家是父母的千金，在外也一直被寵成公主，身邊男人沒少過。傲嬌的我雖然和他暫時做了群友，但並沒有主動加他好友，心裡希望他來加我，雖然只是想想而已。他在群裡的話越來越少，不知道是因爲沒有共同話題而聊膩了，還是忙於他那創業階段的事業，心疼他的勞累，他一直是盡心盡力做好每一件事，愛每一個人，正如當年他給我的一切。

美女，還記得我嗎？這首歌我很喜歡，送給你，想說的話都在裡面了。蝦米音樂分享的張惠妹的《我最親愛的》，彈出的好友申請和緊接著的一連串信息，像是早就想好的計畫。我的心跳得好快，傍晚擠在地鐵裡聽不太清楚歌詞，打算回家靜下來再好好聽幾次。」

我在工作一天後，很疲累，但還是期待琪琪的故事。人到中年，也許對愛情還有些許期待，勇氣卻所剩無多，再要信任一個人也是難上加難。如果我是琪琪，我不確定自己是否有勇氣打開那首歌，打開那段十五年前的回憶，或許會無情地把它湮滅在忙碌的藉口中。

「好好珍惜別人勇敢表達的真心。」一個清脆的聲音響起。所有看似瀟灑輕鬆的問候，都是背後多少次深情的演練，多少緊張的心跳夾著從驕傲中擠出的勇氣，多少貼心的不煽情、不打擾，拿捏得剛剛好。

我一向不善於灌各式雞湯，所以還是沒有多說，我只留給琪琪一句：恭喜你，他終於回來了。

日盼夜盼的信息又來了。

「我告訴他當然記得你，心裡的潛臺詞卻是，『每天每夜從沒忘記過你』，做個好朋友挺好的。一小時後，他來了句『《滾滾紅塵》修復版在臺灣上映了，你喜歡的三毛』。他還記得我的喜好，我也還記得他對我的好。我不敢問那首張惠妹的歌詞中他想跟我說什麼，他也沒再提，我們就這樣小心翼翼地試探，克制著內心的激動，努力擺出沉穩，假裝成熟，見過世面的客套。隔天，我還是忍不住問了一句：這些年你好嗎？孩子有了嗎？卻害怕他反問我的狀況。

你哪只耳朵聽說我結婚了，我可是個單身狗呢！雙十一我年年過著呢！他那麼溫柔怎麼還沒被訂走？一定是在女人堆中流連不想定下來吧！『你呢？男孩女孩？』『我離婚了。』面對他，我總是無法招架，就是老實得不忍心騙他一言一語。『恢復單身，男士們有福了。』他還是那麼客氣，從不傷害人，除了當年分手時的那句『我想冷靜一下』，大概是他十八年來說過最嚴厲的話了，卻是對那個當時他深愛的女孩。天慈姐，你知道嗎？說來幼稚，當年那次沒有再見的道別，這麼多年後，仍然是我心底的一個遺憾。」

「不需要道別，因為故事待續……」

我回復琪琪，心裡卻有點悲傷。又是一個下雨的溫哥華冬天，我一個人在車裡。

接下來一個月，我在歐洲出差，並沒有收到琪琪的信息，希望她和他一切都好。

「回聲」演唱會開始宣傳，小姑的歌再度被傳唱。那首《七點鐘》是一個第一次約會的故事，少女的期待在愛人面前變得渺小，卻在愛情面前變得勇敢而強大。

今生就是那麼地開始的
走過操場的青草地
走到你的面前
不能說一句話
拿起鋼筆
在你的掌心寫下七個數字
點一個頭
然後
狂奔而去

齊豫姐姐清亮的嗓音唱出三毛初戀的酸甜。初戀占著首次的絕對優勢，第一次付出真心、第一次被愛、第一次被傷害、第一次告白、第一次處理分手、第一次失戀……誰不是戀愛了才學習戀愛的？多年後才懷念對方的好，後悔自己的不懂事。當年的懵懵懂懂，一起經歷的跌跌撞撞，這些青春的摸索才是初戀珍貴的重要元素。

曾有人說沒哭過的愛情都不是真愛。愛情中讓人掉淚的往往不是那個狠心的人，而是委曲求全的自己。然後發誓在下段感情中要占上風，卻還是在愛上的那一刻繳械投降。愛的再尋求也是重新認識自己對愛的態度，其實和物件沒有絕對的關係。

這次琪琪的語氣透露著不安。

「他已一周沒找我了，我很擔心，卻不敢打擾一天發一次信息，小心謹慎地把思念包得密不透風，把千言萬語包在一個搞笑的貼圖裡，再安慰自己。不會太明顯，沒人看得出我的小心思。不知道是不是他有女友，不希望他和我聯繫？不會是他出什麼事吧？天慈姐，不好意思，我的急躁擔憂，向陌生又熟悉的你傾吐。」

過幾天，我等到了琪琪的信息，也算安心了。

「原來他進了醫院，動了個小手術，醫生讓他多休息，別看手機。一出院他立刻回了我微信，『放心，還活著，就是有點想你（附上一個愛心）。』這個小紅心，輕輕瓦解了我多年築起的銅牆鐵壁即使心疼那個曾受傷的自己，也抵擋不了又一次的傻勁兒。我也回了個愛心，已經是用足了擠出的勇氣，是成年後再也沒有過的表白。

幾天後，我們通了電話，這是十五年前我生氣地掛上電話後，第一次在電話裡聽到他的聲音，在七夕的早晨。他的聲音還是那麼傻，我也傻呵呵地笑。短短幾分鐘的尷尬，我知道是他給的七夕禮物，是他要重啟的記憶，再次被他捧在手上的心，溫暖而勇敢。

十五年思念的累積，我們是不是把對方想得太美好？臉上的皺紋、漸漸出現的白髮他會不會介意？我眞的害怕再失去。還有十八歲時他爲什麼不說再見？天慈姐，我開始患得患失，這個年紀和剛結束的婚姻讓我有著輸不起的脆弱和給不起的天眞。」

荷西等了三毛六年，給了小姑流浪的終點。琪琪的他至今未婚，是等待還是碰巧的空缺，真的重要嗎？曾經的回憶是現在熟悉和信任的基礎，加速了進展，卻快得讓彼此懷疑幸福來得太突然，用十五年來和別人的情感經歷來仔細檢測這第二次的初戀。

「我在想，飛蛾撲火時，一定是極快樂幸福的。」小姑曾這樣給沙侖的愛情下了結論。那個眼神執著的單純的沙漠男孩，從沒懷疑過他遠方的所謂妻子，他是幸福的。

上帝給的第二次機會，憐憫他當年沒有自私地說出那句話。

「如果當年沒考上大學的我要你等我一年，你會答應嗎？」他還是問了這個如今看來還是很蠢的問題，琪琪顧左右而言他。當年正綻放的青春，男孩排著隊請她吃早餐，她哪知道準備高考那年天天為她準備早餐的那個他，會在十五年後單純地以愛之名等著她，又哪會知道他留下的痕跡原來那麼深。

時間是退了潮的海灘，刷掉曾經的腳印，卻露出滿臉傷痕的岩石，狠狠笑看歲月的多變。

琪琪的最後一封信息是帶著微笑的。

「從沒想過我們會再遇見，故事未完，當年他不願說的再見，其實是給今天留的伏筆。當年我沒有等他，他卻等自己強大成熟，再來給我一個更好的未來。

我不可能再對你百依百順了，現在的我做不到。他怯怯地跟我交代。我因為他的緊張覺得可愛。我不需要你的百依百順，我希望我們之間是平等的，以前是我太任性霸道了。這個懂我也願意讓我懂的人，總是把話說得明明白白，不忍心讓我猶豫和爲難。而我的改變，也多了他以前不敢奢望的溫柔，升級版的我更是讓他愛不釋手。

他偷偷做了攻略，說要帶我去看你小姑的撒哈拉沙漠。我的夢想，他認眞對待，說要牽著我踏遍三毛的足跡。我們沒有三毛和荷西的生死相許，我們也不知道命運能讓我們陪彼此多久。過去的美好是未來的練習，我們會好好珍惜，一直走下去。也謝謝你這些日子代班小姑的聆聽。」

我留下最後的鼓勵，當作道別：你們的青春向現實低頭，你們的未來請勇敢捍衛。有散有聚的情愛裡，願你倆永遠兩小無猜，無拆。

他開始慢慢地跑起來，一面跑一面回頭，一面回頭，臉上還掛著笑，口中喊著：「Echo再見！Echo再見！」我站在那裡看他，馬德里是很少下雪的，但就在那個夜裡，天下起了雪來。荷西在那片大草坡上跑著，一手揮著法國帽，仍然頻頻地回頭，我站在那裡看荷西漸漸地消失在黑茫茫的夜色與皚皚的雪花裡，那時我幾乎忍不住喊叫起來：「荷西！你回來吧！」可是我沒有說。

……

我只是感覺冥冥中都有安排，感謝上帝，給了我六年這麼美滿的生活。

——《流星雨．一個男孩子的愛情》節選

一個男人的愛情

上回提到《愛的再尋求》中的琪琪，她發來的幾封私信確實撩起我對愛情早已平靜的想像。幾個月後，我又收到她的資訊，這次是轉發故事的男主角小林的博客，一字一句抒發了一個男人在愛和現實裡的無奈和堅持，沒有離奇的波折，甚至沒有義無反顧的勇氣，只有平凡現實的每一天，和我們大多數人一樣。

以下是小林的博客。

二〇一九年十一月十二日　**女人實際，男人文藝的年代**

在北京見了你，琪琪，在我忙碌的出差行程中，只能委屈你見縫插針地相見。我們都不再年輕，不能再像青春正茂時揮霍。愛情確實也不再是生活的全部，如何把愛情融入日常中就是一個不簡單的課題。

「我很實際的，你是知道的，雖然我是做文字工作，本應該崇拜愛情但經歷過一次失敗的婚姻，那曾有過的盛大婚禮，最後還不是一場空。現在早已不再相信轟轟烈烈的山盟海誓，平平淡淡才是眞。」

你用硬邦邦的口氣跟我說，好像在聲明你要的愛情模式，我默默記下，心裡卻沒有完全明白，畢竟我對你那段婚姻中的問題並不瞭解，你也從未告訴我，你還是很保護自己內心那塊沒人能進去的祕境。

「那段婚姻不是失敗，至少讓你成長，然後我們再相遇。」我一邊整理行李拿出明天要給合作夥伴的禮物，然後給你倒了一杯溫水，月事來時的你一向很脆弱，除了嘴皮子。「你也太理想主義，所有成長都是傷痕換來的，都是血和淚，不要也罷。現在我只想平凡過日子，有你在就好，你不在身邊時我也能自己過好每一天。」你回嘴說，帶著成熟女人的面無表情。

從小我們就有太多差異。你直爽，不在意別人看法活得很自在，比同齡人早熟；我處處替人著想，卻有著無畏的天眞。你不愛收花說不實用，我卻喜歡送花的浪漫還有看到你那藏不住的喜悅。

那三毛寫的《一個男孩子的愛情》裡，荷西在雪地裡的六年之約誓言，你不也是信得要命，搞得我找了一堆衛生紙放在盒子裡假裝是雪，上面放了送你的一朵玫瑰，你還記得嗎？我們常拌嘴，從初戀到再戀都沒變過，這是我們的情趣也增進我們對彼此的瞭解。你說你記得，還嘲笑我那天的傻樣子。

就是因爲這是一個現實的世界，荷西的純眞才珍貴呀！

你的道理總是一套套的，我就是說不過你。我就是愛你的誠實，過去的感情也讓我們的重遇少了很多陌生人的試探和猜測。我並不驚訝你的那些話，這些年的磨煉讓我早已褪下天眞，沾上了俗氣的銅臭味和一點狡詐，內在卻只是一個自卑的男孩，害怕失去，很愛面子。讓我好好再重新認識你、瞭解你，畢竟這一別是十五年，整整是三毛和荷西的六年之約的兩倍半。

即使還沉醉在重逢的美好中，深信彼此是最對的人，可我深深知道這不會是條好走的路，可以預期的性格上的磨合，對彼此缺點的包容與理解，南北遠距離的困難，剛從婚姻裡走出的你心理上的癒合，我的患得患失，都是加在這段感情上的關卡。沒有考驗的愛不是眞愛，不經歷風雨怎能體會平凡的美好。我還是呑下擔憂沒跟你說這番話，太早預判的難題就先放著吧，也許沒必要自己嚇自己。

你給我買了一件時尚的黑色帽衫，印著看不懂的圖案，很潮。你的品位一向很好，完美補足我的弱項。你說我們一起出門時可以穿，囑咐我不要每天西裝襯衫的給人距離感，我知道高傲的你能夠走出這第一步示好已經算是很稀有了。我們對感情進程的推進有截然不同的想法，從在同學群裡的聯繫，見面後，你很快跳過了纏綿曖昧，將我們的感情列入平實生活的階段，而此時我還在留戀重逢時的喜悅，一時間趕不上你的腳步。我極力想彌補逝去的這十五年錯過的時光，在抖音上學了哄女人的新招，滿是欣喜地趁著你上班時，偷偷準備了一份驚喜。我把一首創作給你的小詩寫在一張像手掌大小的卡片上，再看似隨意卻很認眞地藏在那盒你每天睡前都會用的黑金面膜當中。

再陪你一段
用我這所剩不多的青春
補你的遺憾
圓我那個癡心妄想的夢。

晚上我洗完澡出來，你已敷上面膜，滑著手機照例躺在沙發上。我走到你面前呵呵地笑，等你主動揭穿。「搞什麼呀？以爲是那面膜廠商給我的優惠券，差點丟掉了。」你噘著嘴小聲地說，以免牽動太多臉上肌肉。

我興奮地問道：「感動嗎？喜歡嗎？」

「嗯，還可以，以後這種東西發微信給我就好，一張小卡片很難保存的。」你的笑容隱藏在面膜下，我猜應該是的。琪琪，你知道我其實是喜歡儀式感的人，我喜歡哄你開心的過程還有達到目的時的成就感，當然這些都是出於對你的感情，這些都是別人沒有的待遇。你像清水一樣滲透進每天忙碌的工作和塞滿企劃案的頭腦裡，看似平淡無奇，我們卻可以品嘗出甜味。

荷西當時下班買了百合花與高采烈地送給三毛，三毛卻生氣地說：「都什麼時候了，哪有錢買花。」

這是一個女人實際，男人文藝的年代。

二〇一九年十一月二十日　**熟女的點讚**

今天我們意見發生點衝突，並不算吵架，卻是很好的溝通。現在的我是一個不怕起衝突的人，小時候卻是怕事、怕不被認同的討好型人格。這翻天覆地的改變是在做生意後不得不變的。

「我最討厭你小時候對誰都好。就像三毛說的，如果你給我的和你給別人的一樣，我就不要了。我要你給我獨一無二的。」你躺在沙發上，翹著你引以爲傲的美腿，一邊刷著朋友圈，一邊輕輕說道。

我一驚，腦袋裡快速翻閱有沒有案例可參考，但我記性一向不太好，不記得十五年前哪裡得罪你了，可你隨口發出的指令，堅毅而無畏。至於此時的我能給什麼，能給多少，暫時還把握不好。

「現在不會了，誰對我好我很清楚，也不會做無謂的投資，更不怕得罪人，越是討好別人，最後沒被討好的那個人永遠是自己。」我急忙跟你解釋，有些捍衛的味道。「我現在就只想你一個人開心。」

我很得意地回頭看你，希望得到你的點讚。結果你還是盯著手機看，一直給別人點讚。

「啊！什麼？嗯，好哦！」

你心不在焉地敷衍我，我安慰自己你只是專心致志，不能一心二用只要我們在彼此身邊已是最大的點讚。

能和你重遇上，我其實是很開心的。交往過的女人中你是特別的，在我青澀的青春陪我一起傻、一起瘋，一起經歷成長的失落，然後突然消失，留給我一個畫不下的句點，也格外捨不得你。重逢後的第一次約會是在北京，你公司附近的西餐廳，你定的位置。我到時你剛好進門，還是那麼高挑，白白的皮膚、長長的直髮，穿著你一直愛穿的短裙，臉上褪去稚嫩，多了世故。我們禮貌地打招呼，即使已經每天在微信聊天，還是略顯尷尬。那頓飯比較多的是敘舊，還有一點點愛意的試探和猜測。後來，見面多了，才漸漸走在一起。

前幾年幾段感情的失敗，讓我想起你的笑、你的壞脾氣、你的眞。我沒有主動去找尋你，想想這麼好的女人值得擁有幸福的家庭、疼你的男人和子女。後來，我們開始頻繁地聊天、通電話、南北飛地見面。我彷彿回到以前熱戀的少年，你曾是我用盡心力保護的女孩，在那個邊談、邊學、邊受傷的年紀。我們花了很多時間理清這十五年發生的事，生活、感情、事業、生涯規劃，甚至是我們共築的未來，你仍是我心理上最依賴、最信任的人，我也感受到你的愛和欣賞。

上個月的十一假期，我們在你北京的家中一起過了幾天的小日子，是我這幾年中最開心的一段時光。我們每天穿著睡衣，叫著外賣，我不用開會，你不用上班，眞實地面對彼此，一下子快速進入老夫老妻的狀態。

「我喜歡這種簡單眞實，你的打呼聲我也習慣了。」一天早上起來，你好像感應到我的想法，先說了出口。

「你怎麼知道我在想這事，我準備好的儀式感和浪漫還沒使出來，還想跟你過過有點神祕感的日子，哪知道現在連上廁所都不用關門了。」我笑笑，對你這種實際派還是需要時間適應的。

你在廚房準備著炸醬麵，加了我喜歡的辣椒和荷包蛋，即使我沒說，你也總是知道我的喜好。我放好碗筷回頭看到你的背影，心想這個女人眞是個寶藏，外表滿是保護自己的武裝，生起氣來一字一句都像菜刀一樣割入人心，年輕時候的你就是這樣讓我歡喜讓我憂。如今，你多了女人味，多了柔軟，還多了對人性的體諒與敏銳。

「今天天氣不錯，我們去看場電影吧！」我提議，還是想重溫以前的甜蜜。

「現在外面人很多的，電影院一堆年輕人，我們就別去人擠人了。」你馬上看到實際面的困難，同時也早就發現我的浪漫心意，體貼地說，「我們吃完飯到樓下社區公園散散步吧！」

顏值爆表的你還有些高冷，很難和蕙質蘭心扯上關係，可你卻對我處處細心，只是嘴巴上不說，其實心知肚明。

女人的魅力有時候就是在這些看破不說破、給男人面子的小心裡，十七歲眼裡只有自己的你這幾年是經歷了多少人生的妥協，才有今天的改變？想到此，我很心疼。成年人的愛情只是生活的添加品，心底雖然渴望浪漫，身體卻很誠實地向現實低頭，畢竟不是每個人都能爲愛遠赴撒哈拉沙漠，我們平凡老百姓也只能在每天的日常中讓一點點的愛灌溉心靈的沙漠，或者早已對乾枯習以爲常。

我們在秋天的午後牽著手慢悠悠地走。

「你記不記得，我們以前在你家附近吃完刀削麵一起走回你家。」

我說起回憶總是很開心，你也是。

「是呀，我記得，那家店的老闆是個老爺爺，總是在看電視。你送我回家時也是這樣牽著我的手，好像怕我跑掉。」

原來你都記得。

二〇一九年十二月一日 貓與狗的愛戀

那天我們正式吵架了，吵得挺兇的。

在上海的工作還是忙忙碌碌，事業剛上了軌道，同時在另一塊版圖上開拓新境界，很累卻心甘情願。我們還是每天在微信上聊著，有時候通通電話，我寄給你的禮物也常給你驚喜，這種遠距離的感情我們都認眞對待，盡力維持。

今天我剛從一個午餐會議中回到車上，想起你也正在午休時間，我還有半小時才去下午的會面，想念迫使我心急地打了微信語音給你。

「喂！在幹嗎呀？吃飯沒？」我微笑著說。

「沒幹嗎，剛吃完飯在休息。」你冷冷地回答，聲音中有點倦意。

我想給你些甜言蜜語，談談情說說愛，不能在你身邊陪伴，只能精神上盡力安慰。

「別說了，說來說去也就差不多那幾句，我知道你對我好，我昨晚沒睡好，不想說話。」

我對你的反應很失望，卻也不忍心勉強。

愛情對於每天面對大事小事的中年人來說已是奢侈的甜品，不能每餐都吃，對身體不好。對我來說，也正因爲得來不易而分外珍惜。你卻喜歡把甜品當放在客廳的裝飾品，雖然喜歡也不用每天觀賞，這點對我來說確實還不能接受。我相信感情得常常談，時時給生活加點甜味，你卻相信細水長流，穩穩的幸福。

睡前我照例給你發信息。

「睡了嗎？今天你公司那個花癡姐，有沒有找你麻煩呀？昨天她不是說你講話態度不好？」我試圖提起你聊天的欲望。

「就這樣呀，懶得理她。我想看看小紅書，然後睡了，你也早點睡吧！」今晚你不太想聊天，我卻很想聊。

「怎麼現在不想跟我說話啦，中午就愛理不理的，小紅書有什麼寶呀？」我有些急了，失去耐心。

「你怎麼那麼煩，我只是想有些自己的空間，不想說話。」

爭吵的氣氛一觸即發，最後還是保不住平靜，你我都生氣了。

感情是最嚴酷的修煉，始於沉醉於天生一對的誤會中，總以爲這次可以輕輕鬆鬆，幸福美好就這麼手到擒來，結果通不過考驗在半路就放棄。怎麼也過不去的絕望，惱人之處就是你不知道這是天生不和，還是只是一場考驗。現在的我，不會再像年輕時千方百計順著女友，也不會隱藏自己的喜好，愛你和愛自己同樣重要。你也不像別的女人，天眞地以爲可以把愛當作賭注，換一個天長地久的承諾，黏黏密密的情話，不如平靜自在。

我有些發火了，忙了一天就想好好說聲晚安，遠距離不就是早安、午安還有晚安的節奏嗎？我寫的劇本，要你參演，你卻在今天罷演。

「你那什麼八卦新聞、社交媒體的破事難道不能等下再看？就不能放下手機好好說話嗎？你難道不知道珍惜眼前人？我可是想你一整天了，憋到現在，一肚子不爽的。」我一口氣發洩不滿，雖然有些後悔，也算是一吐爲快。

「你能不能尊重我的感受，我只是想要一點私人空間，看看我喜歡的美妝直播。白天我已經說很多話了，現在我需要的是安靜，不要一直跟我說些無聊的話。」你罵起人也是一字一句彈無虛發。

我本該忍讓，一時間也氣急敗壞。「你到底在幹嗎？不回我話卻在同學群裡瞎聊。」我大聲呵斥道，火已經上到頭頂，我可是把你放第一位，理應得到你相等的回應。

「你終於說了吧！你就是不信任我，就是疑神疑鬼，我沒有在和別人私聊我眞的是想靜靜，我需要一個人的空間。」

說完，你就掛上微信電話，任憑我打到手指抽筋也不接。

不意外地又是一夜不眠，隔天早上六點起床到了公司，雖然心情沮喪，但還是得笑臉迎人，商場上的面具戴上就很難摘下，是成熟也是責任。晚上去了一個飯局，吃吃喝喝，談談風雅，這種聚會看似無趣有時候也有其功效，尤其對一個遠距離戀愛的「類單身狗」來說。反正回家也是一個人，一臺不響的手機，一個想念卻不敢聯繫的人。

多少愛戀是死在油煙味中，不嫖不賭的人看似完美也避不過漸行漸遠的冷漠和忽視。我們的三毛說過：「眞正的愛情，就是不緊張，就是可以在他面前無所顧忌地打嗝、放屁、挖耳朵、流鼻涕；眞正愛你的人，就是那個你可以不洗臉、不梳頭、不化妝見到的人。」

時間是個高明的第三者，它潛伏在每天的日常中讓你忘了對方的好，習慣對方的付出，然後在失去後又讓你想起對方的好和對你做的一切。我們的感情因爲有以前的根，很快開枝散葉地落在吃飯、睡覺、穿衣、數錢的現實裡，接下來就是時間這最嚴峻的考驗了。

經過一周的渾渾噩噩，想了千萬次的你，擔心你容易感冒的體質和晚睡的壞習慣，以爲自己可以擺擺酷，和哥兒們出去玩玩，最後都是被孤單的夜晚取代，乖乖在家待到天亮。週五早上讓同事幫我買了去北京的機票，一個身體力行的急性子怎能容忍被一條網路線牽制，我決定親手了結這一切。我們的愛情表面上沒有生離死別的高潮起伏，內心戲卻不少。

「我喜歡貓的驕傲與自我，不合群卻很自在。」你曾說。當時的你化著濃妝，像只波斯貓。

「我喜歡狗，我喜歡狗的善良和忠實，還有見人就舔的熱情。」我的話逗樂了你，那時的我們好甜。

感情要長久不就是要把相愛與相忍的二合一配方一起服下才有效。我愛你所以忍你，你愛我所以也忍我，因爲我看到你忍我，我才更愛你。一張床兩人睡，都得讓出點位置，做出點犧牲，適應對方的步調。愛一個人就是發現自己的過程，每一次爭吵中會發現自己原來有那麼多缺點，活了大半輩子也渾然不知，談次戀愛就會被對方的火眼金睛一下子看出，無所遁形，然後一一進化，爲了身邊的你變成更好的自己。

這天在飛機上，一隻狗去挽回和一隻貓的感情。我不知道三毛和荷西的生活中是否有爭吵、有差異，誰是貓誰是狗，還是爲了對方已變成一半狗一半貓。我因爲以前被背叛的感情而多了懷疑，這創傷不該你買單。你對愛情的看淡與實際，也需要我的理解。我們在彼此身上看到自己的盲點，謝謝你的包容與提醒。我們都不完美，但是兩個不完美的人互相適應，也算是門當戶對了。

荷西當年寫信給三毛說：「我想得很清楚，要留住你在我身邊，只有跟你結婚，要不然我的心永遠不能減去這份痛楚的感覺。我們夏天結婚好麼？」

在你公司樓下，見到我的你說：「咦，你怎麼來了？」

「我們的未來要勇敢捍衛，這輩子你別再想跑了。」我不等你說完立刻回答。這我今生最霸道的承諾。沒有電影中的鮮花和擁吻，也沒有跪地求婚，我們吃完烤串隨意地散步，街邊穿著白背心的大叔搧著扇子看著我們，這就是我們樸實的浪漫。

你不是三毛，我也不是荷西。我們的故事沒有不朽，也沒有六年之約。我們只是很普通的人，談過幾次戀愛，經歷婚姻，遇見過幾個錯的好人和以爲對的壞人，可能劈過腿，也被劈過，最後幸運地再遇見。以後的我們也不會停止爭吵，不會停止流淚，更不會停止相愛。

琪琪微博來信：

「天慈姐，我們的故事很無聊吧？也許根本沒有完美的愛情，每個人對愛情的看法不同，他有他的要求，我有我的。我們未必能給對方多少，或者能走多久也沒人知道，也有很多現實的問題躲不掉、理不清。但至少現在我們眞心相待，願意包容，也就足夠了。我們沒有你小姑故事裡豐富的浪漫色彩和動人的情節，也沒有生死兩隔的劇情，可這是我們的一場修煉，一起成長，才能磨成最舒服的相處與幸福。」

琪琪給了這段貓狗之戀一個注腳，真是一個很瞭解自己的女人，值得擁有一段好感情。

後記

這是我第一本書，希望能以我有限的能力承接小姑的萬分之一，僅以此書做為延續她的第十五號作品。

從第一個字到最後一個字，總感覺中間小姑一直都在，有她的調皮，有她對我們的不捨，有她的足跡，更有她的遺憾。她走了快三十年，我們生活雖然依舊，偶爾想起她，或者說她總是趁我們不注意時用她的方式來訪，冥冥中也為我們安排了一些相遇和分離。

這幾年因為自媒體的方便，陸續收到很多小姑的老讀者和新讀者的信息，聊了很多看似平常的話，有的問荷西是不是真實存在，有的問小姑私底下是什麼樣的人，還有人問她是不是像書中一樣浪漫。我真沒想到小時候相處的大人玩伴，會給全球華人朋友們那麼大的影響和啟發。

近幾年也陸續有很多三毛的推廣活動展開，既有圍繞一場「回聲」演唱會的成千上萬的網路帖子和電視節目，也有三毛讀者們抱團取暖的大小社群，很開心大家都還愛著她。我也從很多讀者的故事分享中得知，原來很多人都想活出像她一樣的自由靈魂，當年她替讀者打開的窗，如今已成了美麗的風景。一個自認樸實無華的人，卻在讀者心中畫出了不凡的圖畫。

雖然小姑是個天真的人，但她承受了很大的人生磨難。

她也常常鼓勵我們好好享受生活，只是當時年紀小的我連生活是什麼都還不懂，可她帶我們走過的街道、聞過的花香、看過的星星，都存在於她和我們的故事裡。作為一個渴望被愛的孤獨症患者，她總是怕麻煩人，卻又喜歡被人麻煩，把別人的事當成自己重要的事，所以有了《親愛的三毛》中的「三毛信箱」，所以有了幾百場的巡迴演講和一九八九年的回鄉之旅。一個渴望被肯定卻喜歡獨處的人，在她的文字裡流露出真情。讀者感受到她的存在，又不敢相信她的真實。而在我心裡，她永遠是那個拉著我們小孩子去玩去鬧的大孩子，永遠是那個我們不膩煩的大玩伴。

其實是個不太相信許願池的人，但如果許願真能成真，希望喜歡這本書的朋友們一起把這些隻字片語疊加起來送給天上的她。同時，希望那些尚未認識她的人也能認識這位努力活出不同精彩的女人。

每個三毛的讀者心裡都有個獨一無二的三毛，一個和自己對話的三毛。願你珍藏這位專屬於你的三毛，也願你因她而美好，因她而自由。

我們來不及告別，我們卻來得及重逢。

三毛不在的日子，我們，還在一起。

陳天慈

二〇二〇年七月十一日於加拿大溫哥華

People 468

我的姑姑三毛

作　者—陳天慈
主　編—林菁菁
企劃主任—葉蘭芳
封面設計—秦　華
內頁設計—李宜芝
封面協助拍攝—西班牙 La Palma 觀光局

第五編輯部總監—梁芳春
董 事 長—趙政岷
出 版 者—時報文化出版企業股份有限公司
108019 台北市和平西路三段 240 號 3 樓
發行專線—(02)2306-6842
讀者服務專線—0800-231-705・(02)2304-7103
讀者服務傳真—(02)2304-6858
郵撥—19344724 時報文化出版公司
信箱—10899 臺北華江橋郵局第 99 信箱
時報悅讀網—http://www.readingtimes.com.tw
法律顧問—理律法律事務所 陳長文律師、李念祖律師
印　刷—勁達印刷有限公司
初版一刷—二〇二一年四月十六日
初版五刷—二〇二三年四月十七日
定　價—新臺幣四五〇元

我的姑姑三毛 / 陳天慈著 . -- 初版 . -- 臺北市 : 時報文化出版企業股份有限公司 , 2021.04
面 ;　公分

ISBN 978-957-13-8668-3(平裝)

1. 陳平 2. 臺灣傳記

783.3886　　110002283

ISBN 978-957-13-8668-3
Printed in Taiwan